犀の角のようにただ独り歩め
——「スッタニパータ」

# 集団的自衛権はなぜ違憲なのか

木村草太

晶文社

装幀——岩瀬聡
カバー写真——ただ(ゆかい)

# はしがき

世論の納得を得ないまま、安保法案が国会を通過しようとしている。国民として、憲法学者として、国会と政府の対応は残念でならない。他方、一般の人々や著名人の間で、政府の強引な態度に反対の意思を示す活動が活発に見られることにはとても勇気付けられた。

法案成立はもちろん大きな出来事だが、法律は実際に運用されなければただの言葉に過ぎない。憲法違反の法律ができたからといって、政府が直ちに憲法違反の活動をするわけではない。これから大切なのは、国民がしっかりと政府の監視を続けることだ。政府が憲法に反する自衛隊の活動を実現しようとしたときには、「それは憲法違反ですよ」と政府に毅然と突きつけること。それが、立憲主義である。

違憲な法律は無効であって、それに基づく行動は許されない。たとえ集団的自衛権行使を認めるかのような法律が制定されたとしても、憲法改正手続きによって国民からそれに賛意が示されない限り、その法律は憲法違反であり無効だ。いまの憲法の下では、集団的自衛権の行使はやってはいけないということを、しっかりと記憶していてほしい。

本書に収録した文章の多くは、安保法制に至るプロセスの中で執筆したものである。時系列に沿って眼を通して頂ければ、何が起き、それは憲法学の観点からどのような問題があるのか、分かっていただけると思う。

簡単に、各文章の内容を、時系列に沿って流れを整理しよう。

### ◉2013年8月：内閣法制局長官人事

安保法制の出発点は、2013年夏の内閣法制局長官の人事だった。内閣法制局は、内閣提出法案を立法技術の面から支え、法案の憲法適合性について助言する部局だ。一般の企業で言えば法務部、あるいは顧問弁護士のような存在にあたる。その長官は、当然のことながら、極めて高度な法律専門知識を有していなければならない。しかし、安倍内閣は、唐突に法制局勤務経験のない外交官を長官職に据えた。「**政府の憲法解釈を立憲主義の原則から検証する**」は、この人事の無謀さについて論じている。

### ◉2014年5月：安保法制懇の報告書提出

この人事と並行して、安倍首相は、私的諮問機関「安全保障の法的基盤の再構築に関する懇談会（安保法制懇）」を動かしていた。安保法制懇は、２０１４年５月15日に報告書をまとめ、首相に提出した。「**安保法制懇の無責任な報告書は訴訟リスクの塊である**」は、報告書の内容を検討した論文である。

### ◉２０１４年７月：７・１閣議決定

安保法制懇の報告を受け、自民・公明両党は与党協議を開始し、２０１４年７月１日に閣議決定が出された。これにより、外国への武力攻撃によって日本の存立が危機に陥った場合には、武力行使を認めるとの方針が示された。この決定は、一般的には、集団的自衛権の行使を容認したものとされる。しかし、武力行使には「日本の存立危機」という限定がかけられており、その解釈次第では、必ずしも集団的自衛権が行使できるようになるとは思えない。「**集団的自衛権に関する７・１閣議決定とはなんだったのか？**」は、この点を検討した論文である。

また、「**憲法を燃やす者たちは、いずれ国をも燃やすだろう**」は、「ａｔプラス」誌21号の論評を通じて、立憲主義や民主主義の基本を確認しながら、７・１閣議決定に至る解釈改憲の動きをどう評価すべきか議論している。

さらに、この時期、東京都国立市公民館の協力で國分功一郎さんと対談イベントをし、哲学と憲法学それぞれの立場から、安保法制をめぐる政治状況をアカデミックに検討した。「**哲学と憲法学で読み解く民主主義と立憲主義**」は、その様子をまとめたものである。

◉2014年12月：衆議院解散総選挙

安倍内閣は、2014年末、唐突に衆議院を解散した。この解散は、それ自体憲法上の疑義を生じさせるものであると同時に、解釈改憲の動きともリンクしていた。「**衆議院の解散・総選挙は憲法のルールを遵守しているか？**」は、この選挙の憲法問題を扱っている。

◉2015年5月：安保法制法案の閣議決定・国会審議の開始

2015年5月、政府は、一連の安保法制法案を閣議決定する。その内容は多岐にわたり、憲法学の観点からも細かく分析する必要がある。「**文言の精密な分析から見えてくる安全保障法制の問題点**」は、法案の内容を整理し、そこに含まれる意義や問題を検討したものである。

◉2015年6月：憲法審査会にて参考人が「違憲」発言

一連の法案のうち、自衛隊法76条改正案に含まれた存立危機事態条項が、集団的自衛権行使容認のための条項だとされる。この条項は、7・1閣議決定の文言をそのまま引き写したもので、政府が「存立危機事態」をどう説明するのかに注目が集まった。しかし、政府は、日本への武力攻撃が発生していない段階でも、存立危機事態を認定できるかのように説明した。そのような解釈を前提にするなら、存立危機事態条項は、憲法違反と言わざるを得ないだろう。

このような状況の中、6月4日の憲法審査会で、ちょっとした事件が起きる。自民党推薦の参考人、長谷部恭男《やすお》教授が、安保法制法案に憲法違反の条項が含まれると述べたのだ。これをきっかけに、国民の間で急速に存立危機事態条項の違憲性が認識されるに至った。

6月中旬には、テレビ朝日「報道ステーション」が、国内の著名な憲法学者にアンケートを行い、回答した憲法学者の約95%が集団的自衛権の行使容認は違憲ないし違憲の疑いあり、と答えた。他方、政府・与党は、高まる違憲立法批判に対し、法案の合憲性を基礎づける説得的な反論ができなかった。各種世論調査でも過半数の国民が、法案を違憲と考えていることが明らかになった。**「なぜ憲法学は集団的自衛権違憲説で一致するのか?」**は、違憲説の根拠を解説した上で、合憲説からの反論がなぜ説得的でないのかを説明したものである。

### ◉2015年7月：衆議院で強行採決

さらに、安保特別委員会での政府答弁は、時間をかければかけるほど、曖昧で訳が分からないものになって行く。7月9日には、維新の党が、政府案より明確な文言の対案を出したが、政府・与党はこれを拒否した。私は、衆院採決直前の7月13日に、中央公聴会にて公述人として意見を述べる機会を与えられた。**「軍事権を日本国政府に付与するか否かは、国民が憲法を通じて決めること」**は、その時に用意した公述用の原稿である。

このほか、「**三つの観点から考える『日本国憲法とは何か?』**」、「**私を解放してくれた『日本国憲法』**」の二つは、そもそも日本国憲法とは何のためにあるのかを考える。時事的な問題の意味を理解するには、こうした憲法のそもそも論のことを思い出してほしいと思い、本書に収録した。

「**『ムベンベ』から憲法へつなぐセンスオブワンダー読書案内**」は、読書案内のエッセイとして執筆した。本書を読んで憲法論に興味を持った方には、ここで紹介した本も手にとっていただければ幸いである。

今回収録した原稿は、発表した媒体も異なり、想定読者も少しずつ異なっている。中には、専門的すぎて読みにくいと感じる部分もあるだろう。そういう時は、さらりと読み飛ばして、次の原稿に目を通してもらいたい。第Ⅰ部から入って、第Ⅱ部が少し読みにくいと感じた方は、第Ⅲ部の國分功一郎先生との対談部分を先に読んでいただくのもお勧めしたい。

集団的自衛権はなぜ違憲なのか

目次

# I

# 集団的自衛権はなぜ違憲なのか

# なぜ憲法学は集団的自衛権違憲説で一致するのか？

2015年6月

## 1　集団的自衛権はなぜ違憲なのか

2015年6月4日の憲法審査会で、参考人の憲法学者が集団的自衛権行使容認を違憲と断じた。このことの影響は大きく、政府・与党は釈明に追われている。もっとも、集団的自衛権行使容認違憲説は、ほとんどの憲法学者が一致して支持する学界通説である。まずは、「なぜ学説が集団的自衛権違憲説で一致するのか」確認しておこう。

日本国憲法では、憲法9条1項で戦争・武力行使が禁じられ、9条2項では「軍」の編成と「戦力」不保持が規定される。このため、外国政府への武力行使は原則として違憲であり、例外的に外国政府への武力行使をしようとするなら、9条の例外を認めるための根拠となる規定を示す必要がある。

「9条の例外を認めた規定はない」と考えるなら、個別的自衛権違憲説になる。改憲論者の多くは、この見解を前提に、日本防衛のために改憲が必要だと言う。

では、個別的自衛権合憲説は、どのようなロジックによるのか。

憲法13条は「生命、自由及び幸福追求に対する国民の権利」は「国政の上で、最大の尊重を必要とする」と定める。つまり、政府には、国内の安全を確保する義務が課されている。また、国内の主権を維持する活動は防衛「行政」であり、内閣の持つ行政権（憲法65条、73条）の範囲と説明することもできる。とすれば、自衛のための必要最小限度の実力行使は、9条の例外として許容される。

これは、従来の政府見解であり、筆者もこの解釈は、十分な説得力があると考えている。

では、集団的自衛権の行使を基礎付ける憲法の条文は存在するか。

これは、ネッシーを探すのと同じくらいに無理がある。国際法尊重や国際協調を宣言する文言はあるものの、これは、あくまで外国政府の尊重を宣言するものに過ぎない。「外国を防衛する義務」を政府に課す規定は、どこにも存在しない。また、外国の防衛を援助するための武力行使は、「防衛行政」や「外交協力」の範囲には含まれず、「軍事」活動になるだろう。ところが、政府の権限を列挙した憲法73条には、「行政」と「外交」の権限があるだけで「軍事」の規定がない。政府が集団的自衛権を行使するのは、憲法で付与されていない軍事権の行使となり、越権行為になるだろう。

つまり、日本国憲法の下では、自衛隊が外国の政府との関係でなしうる活動は、防衛行政としての個別的自衛権の行使と、外交協力として専門技術者として派遣されるPKO活動などに限定せざるを得ない。

以上のように、個別的自衛権すら違憲と理解する憲法学者はもちろん、個別的自衛権は合憲と理解する憲法学者であっても、集団的自衛権の行使は違憲と解釈している。憲法学者の圧倒的多数は、解釈ロジックを明示してきたかどうかはともかく、集団的自衛権が違憲であると解釈していた。さらに、従来の政府も集団的自衛権は違憲だと説明してきたし、多くの国民もそう考えていた。だからこそ、集団的自衛権の行使を容認すべきだとする政治家や有識者は、改憲を訴えてきたのだ。

## 2 集団的自衛権を合憲とする人たちの論拠

これに対し、政府・与党は、従来の政府見解を覆し、集団的自衛権の行使は合憲だといろいろと反論してきた。その反論は、ある意味、とても味わい深いものである。

まず、菅義偉《よしひで》官房長官は、6月4日の憲法審査会の直後の記者会見で、「全く違憲でないと言う著名な憲法学者もたくさんいる」と述べた。しかし、解釈学的に見て、集団的自衛権を合憲とすることは不可能であり、合憲論者が「たくさん」と言えるほどいるはずがない。もちろん、合憲論者を一定数見つけることもできるが、それは、「ネッシーがいると信じている人」

を探すのは、ネッシーそのものを探すよりは簡単だという現象に近い。数日後の報道を見る限り、菅官房長官は発言を事実上撤回したと言えるだろう。

ちなみに、合憲論者として政府・与党が名前を挙げた人のほとんどは、憲法9条をかなり厳格に解釈した上で、「許される武力行使の範囲が狭すぎる」という理由で改正を訴えてきた人たちである。改憲論の前提としての厳格な9条解釈と集団的自衛権行使合憲論を整合させるのは困難であり、当人の中でも論理的一貫性を保てていない場合が多いだろう。

また、合憲論の論拠は、主として、次の四つにまとめられるが、いずれも極めて薄弱である。

第一に、合憲論者は、しばしば、「憲法に集団的自衛権の規定がない」から、合憲だという。つまり、禁止と書いてないから合憲という論理だ。一部の憲法学者も、この論理で合憲説を唱えたことがある。しかし、先に述べたとおり、憲法9条には、武力行使やそのための戦力保有は禁止だと書いてある。いかなる名目であれ、「武力行使」一般が原則として禁止されているのだ。合憲論を唱えるなら、例外を認める条文を積極的に提示せねばならない。「憲法に集団的自衛権の規定がない」ことは、むしろ、違憲の理由だ。

第二に、合憲論者は、国際法で集団的自衛権が認められているのだから、その行使は合憲だという。昨年5月にまとめられた安保法制懇（安全保障の法的基盤の再構築に関する懇談会）の報告書も、そのような論理を採用している。しかし、集団的自衛権の行使は、国際法上の義務ではない。つまり、集団的自衛権の行使を自国の憲法で制約することは、国際法上、当然合法である。国際法が集団的自衛権の行使を許容していることは、日本国憲法の下でそれが許容されることの根拠にはなりえない。

第三に、「自衛のための必要最小限度」や「日本の自衛の措置」に集団的自衛権の行使も含まれる、と主張する論者もいる。憲法審査会でも、公明党の北側議員がそう発言した。しかし、集団的「自衛権」というのがミスリーディングな用語であり、「他衛」のための権利であるというのは、国際法理解の基本だ。それにもかかわらず「自衛」だと強弁するのは、集団的自衛権の名の下に、日本への武力攻撃の着手もない段階で外国を攻撃する「先制攻撃」となろう。集団的自衛権は、本来、国際平和への貢献として他国のために行使するものだ。そこを正面から議論しない政府・与党は、「先制攻撃も憲法上許される自衛の措置だ」との解釈を前提としてしまうことに気付くべきだろう。

第四に、合憲論者は、最高裁砂川事件判決で、集団的自衛権の行使は合憲だと認められたと言う。これは、自民党の高村副総裁が好む論理で、安倍首相も同判決に言及して違憲説に反論した。しかし、この判決は、日本の自衛の措置として米軍駐留を認めることの合憲性を判断したものにすぎない。さらに、この判決は「憲法がいわゆる自衛のための戦力の保持をも禁じたものであるか否かは別として」と述べるなど、自衛隊を編成して個別的自衛権を行使することの合憲性すら判断を留保しており、どう考えても、集団的自衛権の合憲性を認めたものだとは言い難い。

## 3 「まさか」の展開

このように、政府・与党の要人の発言は、不自然なほど突っ込みどころに溢れている。なぜ、こんな穴だらけの議論を展開するのだろうか。本当に日本の安全を強化するために法案を通したいなら、「集団的自衛権」という言葉にこだわらずに、「個別的自衛権」でできることを丁寧に検証していけばいいはずだ。

まさか、わざと穴のある議論を展開し、「国内の反対」を理由にアメリカの要請を断ろうと目論んででもいるのだろうか。なんとも不可解だ。

ちなみに、集団的自衛権を行使する要件とされる「存立危機事態」の文言は、憲法のみならず、国際法の観点からも問題がある。

国際司法裁判所の判決によれば、集団的自衛権を行使できるのは、武力攻撃を受けた被害国が侵略を受けたことを宣言し、第三国に援助を要請した場合に限られる。ところが、今回の法案では、被害国からの要請は、「存立危機事態」の要件になっていない。もちろん、関連条文にその趣旨を読み込むこともできなくはないが、集団的自衛権を本気で行使したいのであれば、それを明示しないのは不自然だ。

まさか、法解釈学に精通した誰かが、集団的自衛権の行使を個別的自衛権の行使として説明できる範囲に限定する解釈をとらせるために、あえて集団的自衛権の行使に必要とされる国際法上の要件をはずしたのではないか。

そんな「まさか」を想定したくなるほど、今回の法案で集団的自衛権の行使を可能にすることには無理がある。こうした「まさか」は、山崎豊子先生の小説なみにスリリングで楽しいのだが、これを楽しむには、あまりに専門的な法体系の理解が必要だ。そんなものを国民が望んでいるはずはない。いや、国民は、それもすべて承知の上で、憲法学者の苦労を楽しんでいるのか？　やれやれ。

いずれにしても、これだけは憲法学者として断言しよう。

「個別的自衛権の範囲を超えた集団的自衛権の行使は違憲です」

# 三つの観点から考える「日本国憲法とは何か？」

2015年5月

## 驚くほど「身近」な法

いま、日本国憲法に強い関心が集まっている。しかし、そもそも、日本国憲法とは何なのか。よく分からないという人も多いだろう。そこで、それが定められた目的、制定の経緯、大日本帝国憲法（以下、明治憲法）との比較の三つの観点から、考えてみたい。

まず、なぜ日本国憲法があるのか、考えてみよう。憲法は、自分の生活からかけ離れた、遠い世界のものだと感じている人も多いのではないだろうか。しかし、憲法は、驚くほど「身近」な法だ。

例えば、今の日本では、普通に街中を歩いているだけで根拠もなく逮捕されることはない。税務調査員が、いきなり家に立ち入ってくることもない。読みたい新聞を読めるし、原発再稼働に賛成するデモでも反対するデモでも好きな方に参加できる。選挙で野党に投票しても不利益に扱われることはないし、どの政党を支持していようが、裁判所は公平に裁判してくれる。

こうした自由や公正は、私たちにとって空気のように「当たり前」なことだ。しかし、過去の歴史では、それが「当たり前」でないことの方が多かったし、現在でも、それが実現できていない国はたくさんある。独裁国家では、令状はもちろん、さしたる理由もなく警察に逮捕されたり、住居に押し入られたりするのは日常茶飯事だし、公正さのかけらもない「選挙」や「裁判」が行われる国もたくさんある。

では、なぜ、私たちにとっては、自由や公正が「当たり前」なのか。日本国憲法が、それを強く保障しているからだ。日本国憲法は、私たちの「当たり前」の生活を保護するためにある法なのだ。

## 「押しつけ」だから不当なのか

そんな日本国憲法について、「押しつけ憲法」だから不当だという人もいる。だが、本当にそうなのだろうか。日本国憲法の制定プロセスを簡単に振り返ってみよう。

1945年の夏、連合国は、ポツダム宣言にて、日本政府に対し、降伏とともに、「民主主義に対する一切の障害を除去」し、「基本的人権の尊重」を確立するよう要求した。これは、憲法改正を含む大胆な改革を求めるものだった。8月14日、日本政府はこれを受諾し、10月からは、改憲草案を準備し始める。しかし、翌1946年2月、GHQは、日本政府の改憲草案があまりにも保守的と考え、自ら草案を作り、日本政府に交付した。2月から3月にかけて、「翻訳」や「折衝」が行われ、4月に政府案が完成する。これが、帝国議会に提案され、一部修正ののち制定。1947年5月3日から施行された。

ここに、連合国の意向が強く働いたのは確かである。しかし、ポツダム宣言受諾は、日本政府の意思であり、「翻訳」や「折衝」、帝国議会での審議のプロセスで、日本政府や日本国民の意向も汲まれている。そもそもGHQ案自体、明治憲法はもちろん、当時の日本国民が作った民間の憲法草案を参照しており、単純な占領軍の一方的押しつけではない。そうなると、日本国憲法のどこからどこまでが「押しつけ」で、どこからどこまでが「自発的」なものなのかを区別することは難しい。例えば、衆参の二院制は、日本政府の要望で設けられた制度である。とすれば、「押しつけ憲法」論は、話を単純化しすぎている。

また、明治憲法と比較したとき、日本国憲法の制定は、民主主義や基本的人権保障を発展させるものだと評価できる。表現の自由を例に考えてみよう。

1889年に制定された明治憲法は、他の非西欧諸国に先駆けて近代的な議会政治を樹立するものだった。そのことの意義は、日本史的にも、世界史的にも大きい。「憲法を立てた」国であることを誇り、党名に「立憲」という言葉を入れた政党も多かった。

## 言論の自由に限界があった明治憲法

帝国議会の成立は、言論の自由の保障の点でも重要である。この憲法ができる以前、政府は、（議会がないので当たり前だが）議会の承認なしに政府を批判する言論を禁じたり、政府にとって不都合な出版物・新聞記事を差し止めたりすることができた。他方、明治憲法29条は、言論の自由を保障し、帝国議会の定めた法律の根拠なしに、それを制限してはならないと定めたのだ。それによって、政府は、集会や結社を規制しにくくなったし、新聞や出版も好き勝手に差し止めるわけにはいかなくなった。

とはいえ、この憲法には、限界もあった。帝国議会が承認さえすれば、言論の自由は制限できたのだ。１９０９年に制定された「新聞紙法」は、内務大臣・外務大臣・陸軍大臣・海軍大臣が、不適当と認める新聞記事の差し止め命令を出すことを認めるものだった。当時の大臣たちは、国民に不人気な条約の交渉を秘密にしたり、テロ事件の報道のタイミングをコントロールしたりして、世論操作に使った。

もし、いまこの法律があれば、例えば、ＴＰＰ交渉をしている事実自体を秘密にできるし、災害対応にミスがあっても報道を差し止められる。現在の私たちの基準からすれば、とんでもない法律だろう。しかし、当時の憲法は、そのような法律を制定することも認めていたのだ。

そこで、日本国憲法は、「一切の表現の自由」を保障する第21条を設けた。この自由は、議会によっても奪えないものとされていて、新聞紙法のような法律を作れば違憲無効である。この条文は、明治憲法の内容を発展させるものとして、高く評価できるのではないだろうか。そして、表現の自由以外にも、明治憲法の民主主義や人権保障を発展させた条文はたくさんある。

日本国憲法は、私たちの「当たり前」の生活を守るための法だ。それは、GHQの関与の下で作られたが、単純な「押しつけ憲法」というわけでもない。内容面では、明治憲法の内容を改善し、民主主義や人権保障を発展させるものだった。

日本国憲法については、国立国会図書館のホームページにある電子展示会の「日本国憲法の誕生」と題された特集で、明治憲法との比較や、制定過程の詳細を知ることができる。改憲・護憲の議論に興味のある人は、ぜひ一度、その特集を見てほしい。どちらの立場からも新しい発見があるはずだし、日本国憲法の制定に関わった人たちの気持ちや努力が痛いほど伝わってくるはずだ。

# 私を解放してくれた「日本国憲法」

2014年4月

## 「個人的」な体験から

「日本国憲法」の全文に初めて目を通したのは、中学生の時だった。その頃の私は、先生の生活指導やら、同級生の人間関係やらに嫌気が差し、どうしようもなく息苦しかった。大学教員という仕事に就いた今では、先生や同級生たちに、それぞれ譲れないものがあったのも理解できるが、それでも、あの時の息苦しさは今でも忘れられない。そして、その息苦しさから私を解放してくれたのは、「日本国憲法」だった。

「日本国憲法」と言うと、多くの人は9条を思い浮かべるだろう。しかし、中学生の私の心をとらえたのは、憲法第三章に掲げられた自由権規定の数々だった。特に、「思想及び良心の自由」を規定した19条、「学問の自由」を規定した23条の印象は強かった。これは、こういうことだ。

私はなぜか「普通」でない意見や、「多数派」とは違う行動をとることが多かった。人と声を合わせて歌う合唱は、かっこ悪く感じたし、運動神経が悪いので、運動会やマラソン大会も嫌いだった。私はそうした学校行事のたびに、暴力で妨害したりはしないものの、「もっと楽しいことを探すべきじゃないか」と正面から口に出した。当然、先生や真面目な同級生から「なんでわがままを言うんだ」「なぜみんなに合わせられないんだ」と非難される。気まずい。息苦しい。そういう考え方しかできない自分は、ダメな人間なのではないか、という気持ちにもなる。そんな時、憲法19条は、ダメな自分が生きていることを許してくれる気がした。憲法23条も、どんなにひねくれたことでもとことん考えて良いんだよ、と背中を押してくれている気がした。それが原点になって、法学部への進学を志し、憲法を研究する仕事に就いた。

私は、こうしたとても「個人的」な体験を通じて、憲法に出会った。だから、「憲法こそが自分らしさを支えている」という実感は、「普通」の人には分からないだろうと思っていた。実際、中学・高校時代も、あるいは法学部に進学してからも、憲法とか自由とかに、強い関心を持つ友人には出会わなかった。むしろ、日本国憲法は、太平洋戦争後の占領下、GHQが作成した原案を基にしているため、「押し付け憲法」だと悪口を言う人も世間にはいる。だから、私のような体験がある人以外は、「押し付け」られた自由や民主主義が嫌いなのだろうと、考えたこともあった。

だけれども、日本国憲法の歴史を勉強してみると、自分の感じる憲法への思いは、案外「普通」なんじゃないか、と思うようになった。

まず、原案を作ったGHQの人たちは、「全ての個人が尊厳を持って生きる社会」という理想を実現しようと、とても真剣だったことが分かる。男女の平等規定（憲法24条）の原型を作ったベアテ・シロタ・ゴードンさんの『1945年のクリスマス』を読むと、彼女が、日本国民に何かを「押し付け」ようとしていたようには到底思えなくなる。また、原案を受け取った日本政府の人々も、やっぱり真剣だった。翻訳や折衝を担当した佐藤達夫さんの『日本国憲法成立史』には、当時の官僚たちが、GHQの原案と日本の法体系を整合させるために、とてつもない努力をしたことが描かれている。さらに、政府の案は、日本初の男女普通選挙で選ばれた衆議院で審議され、議事録には幾つかの感動的な演説も残っている。密室で作られた明治憲法に比べれば、遥かに開かれた制定過程だ。

## 国民は日本国憲法を自ら選択した

ただ、当時は占領下である。占領軍の言論統制もあり、GHQの原案を拒否することは事実上不可能だったと言われる。どんなに日本国憲法制定に携わった人々が善意だったとしても、多くの日本人は嫌がっていたのではないか、そんな疑問を出す人もいる。

しかし、当時を知る人の言葉を聞くと、そんなことはないと分かる。明治憲法の時代、人々の自由は極端に抑圧されていた。例えば、社会主義という「普通」でない思想を持つ人は、治安維持法により処罰された。この法律は、当初、過激な政治結社のみに適用されたが、ずるずると適用範囲が拡大し、学者や宗教家までもが刑罰を受けることになった。また、政府を批判する新聞や不倫を描写した小説は、「非常識」「不道徳」なものとされ、出版が禁止された。そんな社会では、よほどの権力迎合者でない限り、誰もが強烈な息苦しさを感じるだろう。

ジャーナリストの田原総一朗さんは、当時小学校六年生で、国民主権を宣言し、自由に満ちた日本国憲法を見て、「ほんとうにしびれた」と言う。また、戦後の憲法学を支えた芦部信喜先生や奥平康弘先生も、新憲法が公布されたときに何とも言えない解放感を覚えたと語っていた。このように、新憲法を大きな喜びをもって受け入れた記憶を語る人は多い。ということは、当時の日本国民は、自由が何よりも大事な価値だと規定する日本国憲法を、自ら選択したと考える方が自然なのではないだろうか。

そうした新憲法制定の体験は、憲法を初めて読んだ中学生の私の体験と、とてもよく似ている。もちろん、当時の人の苦労は、私の中学時代の比ではなく、比べるのも失礼なくらいだろう。しかし、個人の自由を保障して、人々を息苦しさから解放しなければならない、という日本国憲法への共感は同じはずだ。

憲法に興味を持てない人や、「押しつけ憲法」だと悪口を言う人も、ある種の体験があれば、そのことの重要さを分かってもらえるのではないかと思う。いや、むしろ、彼らが憲法の悪口を言ったり、無関心であったりできるのは、個性を押しつぶそうとする息苦しさを体験していないからだろう。だとすれば、そうした人々が多いことは、憲法の理想が実現していることを意味しているのであり、憲法の研究者としては喜ぶべき現象かもしれない。

もっとも、息苦しさの体験を持たないが故に、日本国憲法を嫌悪する人があまりに増えれば、私たちの自由の基盤は崩れてしまう。私たちは、日本国憲法制定を体験した人々の言葉を直接聞くことのできる最後の世代に属している。自由な憲法を選択した人々の言葉を、次の世代に受け継ぐことが、私たちの責任である。一人ひとり違う考えを持つことを前提に、互いの個性を尊重しながら共存する世界、「自由な世界」を私たちは守っていかなければならない。

# II

## 憲法を燃やす者たちは、いずれ国をも燃やすだろう

# 安保法制懇の無責任な報告書は訴訟リスクの塊である

２０１４年５月

## 1 問題の本質は「集団的自衛権の訴訟リスク」

２０１４年5月15日、安全保障の法的基盤の再構築に関する懇談会（以下、安保法制懇）の報告書（以下、本報告書）が公表された。広く指摘されるように、懇談会のメンバーに憲法解釈の専門家はおらず、外交官や歴史家、国際政治学者で占められている。唯一の憲法学者も、憲法解釈論で評価されている人物ではない。

こうしたメンバーにより作成された本報告書の憲法解釈は、およそ法律家には受け容れ難いものである。率直に言うなら、まともに相手をする水準ではない。

しかし、これは、どこかの私的な趣味サークルの発表した報告書ではない。内閣という国家の中心的機関が政策決定の参考にしようというのだから、憲法解釈学の専門家の一人として、放置するわけにはいかない。

本報告書や、それを受けた安倍首相の会見については、情緒に訴えようとする政治的態度の不誠実さ、安全保障政策上の現実味の無さ、法的安定性の軽視など、様々な人々が様々な批判を展開しているので、そちらを参照して頂ければと思う。

私としては、次の点に着目したい。それは、本報告書に従って集団的自衛権を行使すれば、政府は巨大な訴訟リスクを抱え込むことになるだろう、ということである。

具体的には、本報告書の主張する無理な憲法解釈論を基に自衛隊を派遣すれば、派遣命令を出した首相や自衛隊幹部が職権濫用罪に問われる危険がある。また、違憲な自衛隊の活動により生じる、莫大な損害の賠償責任を負う可能性が高い。

もちろん、判決が出るまでには時間がかかる。しかし、だからと言って、タイムラグを利用して、違憲・違法な行為をやっていいということにはならない。各世論調査で明らかなように、本報告書に基づく憲法解釈には反対する国民が多い。国内政治は、明らかに不安定になるだろう。

また、自衛隊員の中にも、当然、自らの従事する活動についての合憲性・合法性についての疑念が生じることだろう。判決は出ていなくても、そうした訴訟が提起されているという事実だけでも、自衛隊の活動の正当性への疑念は高まる。自衛隊の規律は乱れ、関係国にも、自衛隊員にも、計り知れない迷惑をかけることになろう。

さらに視野を広げるならば、憲法も世論も無視して独断で活動する日本政府に対し、国際社会も疑念を生じるはずである。違憲判決が出れば、「自国の憲法も守れない政府だ」という印象を国際社会に与える。さらには、「こんな無理な憲法解釈をするのであれば、条約や国際法も曲解・無視するのではないか」との疑念が生じるのも、当然である。これは、外交的に大きなマイナスだろう。

たとえば、韓国政治に詳しい政治学者の浅羽祐樹准教授（新潟県立大学政策研究センター）は、竹島問題を解決するにも、国際法に基づく緻密な理論を積み上げることの重要性を再三指摘している。

本報告書のような法解釈論が横行するようなことになれば、日本は国としての国際法の教養に大きな欠点を持つことを国際社会に知らしめることになる。そうなれば、竹島について国際司法裁判所の判断を求める際にも、日本の主張に対する信頼度が下がり、かなり不利になることだろう。

日本の国益を真に考えるなら、適切な法解釈の重要性を侮ってはいけない。

このように、仮に、集団的自衛権の行使が政策的に望ましいとしても、現行憲法を改正しないで、それを容認することは問題外のさらに外である。集団的自衛権の行使に賛成する人でも、「巨大な訴訟リスクのある中で、集団的自衛権の行使を容認することに賛成ですか？」と聞けば、恐らく、「いいえ」と答えるだろう。

また、「日本の安全保障環境が極めて厳しくなる中、些末な法律論に拘るべきではない」式の議論をする人でも、「あなたは、集団的自衛権行使違憲訴訟で、政府を勝訴に導く論証を組み立てられますか？」と問われ、「はい」と言える人は少ないだろう。

もし、本当に「厳しさを増す状況に対応するために、集団的自衛権の行使が必要である」なら、訴訟に耐えるだけの法律論を組み立てるべきだろう。それができないにも拘らず、集団的自衛権を行使すべきだと主張するのは、無責任の極みである。

結局、現行憲法の下で集団的自衛権を行使すれば違憲である。このことは、多くの専門家や市民によって指摘されてきた。しかし、安倍政権は、それを無視して、安保法制懇の本報告書を根拠に、集団的自衛権を行使しようとする。

これは、専門家が建築基準法違反だと指摘している設計なのに、「友達の外交官が大丈夫だと言っている」という理由で、無理やり建物を建ててしまうようなもので、国家権力の担い手としての責任感が完全に欠如した動きである。

では、なぜ、報告書の憲法解釈は、法律家に受け容れられないのだろうか。そのポイントを二つ指摘しておきたい。

## 2　二つのハードル：（1）明文禁止がないことと（2）根拠規定があること

本報告書が、集団的自衛権の行使と国連の集団安全保障への参加は、憲法上許容されるとする根拠は、「憲法9条1項・2項により禁じられていない」という点に尽きている。しかし、特定条項で禁じられていないからといって、即座に、それをやって良いということにはならない。これは、憲法解釈の基本なので、少し丁寧に説明しよう。

## ◉1　根拠法がない限り国家権力は行使できない

日本国憲法は、「自由主義」の構想を前提とする憲法である。自由主義は先進国の国際標準であり、これを前提としない国家は、人権を蹂躙する「危ない国」とみなされる。自由主義の下では、国民の自由が最大限認められる一方で、国家権力の行使については抑制的でなければならない。なぜなら、国家行為は、国民の自由の制約となるからである。

このことは、刑罰に代表されるように、国家が国民に対し「○○をしてはいけない」と命令する国家行為については、すぐに理解できるだろう。さらに、年金給付や海外活動といった、国民の自由を直接に制約しない国家行為についても同様であることに、注意が必要である。なぜなら、こうした国家行為も、国民から強制徴収した資源すなわち税金によってなされる以上、国民生活に重大な影響を及ぼす。さらに、重要な国家行為については、国民的な議論を経た上で決定すべきで、時の権力者が勝手に決めるべきではない。このため、国家が行動するには、国民的合意の証として、それを根拠づける憲法と、それを具体化する法律の規定がない限り行為できない、と考えられている。

今述べた「根拠法なき国家行為は許されない」という原理は、憲法や行政法などを解釈する場合の最も基礎的な原理である。

この点が、「自由に何でもできる個人」を出発点に、「法律で禁止されていない限り、自由に行動できるのが原則」となる個人を巡る議論と、国家を巡る議論との、大きく異なる点である。集団的自衛権行使という国家行為を語る際に、あまりに単純に個人の正当防衛のアナロジーでとらえるのには、注意が必要である。

そうすると、国家権力の行使を憲法上正当化するには、二つのハードルがあることになる。つまり、第一は、それを禁じる明文の憲法規定がないこと。第二は、それを根拠づける憲法規定があること。

安保法制懇の本報告書は、憲法9条により禁じられていない（第一のハードルは越えられる）と述べるのみで、第二のハードルについて何も述べていない。その論証は、そのようなハードルがあること自体を知らないかのように思われる。

公法の解釈学をまじめにやってきたものからすれば、その粗雑さに驚き呆れざるを得ない。これは、安保法制懇のメンバーが、いかに法的教養を欠いているかを示すエピソードであろう。

## ◉2　集団的自衛権の行使の根拠法はあるか？

では、この二つのハードルについて、法解釈学的にどのように考えるべきだろうか、改めて検討してみよう。

まず、集団的自衛権の行使・集団安全保障への参加については、そもそも第一のハードルを越えられるかどうか自体が怪しい。憲法9条1項を素直に読む限り、武力行使を一律に禁じているように読める。さらに、仮に、1項が集団的自衛権の行使などを禁じていないとしても、2項で「戦力」保持が禁じられている。したがって、憲法9条の1項か2項で、それらが禁じられていると解釈する法律家は多い。

また、解釈テクニックを駆使して第一のハードルを越えられたとしても、第二のハードルを越えることはできないだろう。この点、日本国民や日本の領域を守る行為、つまり個別的自衛権については、憲法13条後段が「生命、自由及び幸福追求に対する国民の権利については、公共の福祉に反しない限り、立法その他の国政の上で、最大の尊重を必要とする」と規定しており、日本政府の責任が明確にされている。

これに対し、集団的自衛権の行使や、国連の平和維持活動への参加は、日本国が直接攻撃を受けていない状況で、他国に武力を行使するための活動である。そうした武力行使を憲法13条で基礎づけるのには無理があり、他にも手がかりとなる憲法条文はない。

さらに、他国への武力行使は、国内はもちろん、国際社会にも大きな影響を与える。だとすれば、誰がどのような基準で行使するかは、極めて厳格な手続の下で判断されるべき事項である。もし憲法がそれらを許容しているなら、そうした手続を当然規定しているはずであるが、そもそものような手続規定もない。

このように、根拠規定も手続規定もないということは、集団的自衛権の行使を正当化する側にとって、かなり不利である。このことは、「条約の締結」と対比してみると、よく分かるだろう。憲法は、条約締結を重要な外交作用と位置づけ、それを内閣の権限とする根拠規定を置き（憲法73条3号）、国会の承認を要求する（憲法61条）手続を規定している。

集団的自衛権の行使は、条約締結以上に重要な外交作用である。条約締結について根拠規定・手続規定を置きながら、より重要な集団的自衛権の行使について規定を置かないのは、それを行うことを想定していないからだと理解せざるを得ない。

こうした普通の法律家であれば当然検討すべき論点について、本報告書は何も論じていない。安保法制懇では、細かな法学的検討を行わなかったということだろう。これは、「法的基盤の再構築」を目標とする懇談会として、かなりスキャンダラスな事実である。

## 3 集団的自衛権の概念

さらに、本報告書は、従来認められていた「必要最小限度」の中に、集団的自衛権の行使も含まれるという、極めて奇妙な解釈を提唱する（報告書21頁）。

## ◉1 何のための「必要最小限度」か?

そもそも「必要最小限度」という用語は、個別的自衛権の限界を示したものである。まず、この点を確認しよう。

個別的自衛権とは、「自国への急迫不正の侵害」を除去するために実力を行使する資格を言う。では、「自国への急迫不正の侵害」とは何か。この点、現代国際法で最も重視されるのは「領域」であり、自国の領域（領土・領空・領海）内への武力攻撃がそれにあたるとされている。

この点、自国領域内の外国人や外国の施設を防衛するための実力行使は、集団的自衛権でないと正当化できないと言う人がいる。しかし、「領域主権国家」という国際法上の大原則を前提とする限り、個別的自衛権は、「攻撃された人の国籍」を基準に判断するのではなく、「攻撃を受けた領域」を基準に判断するものである。自国の領域内への攻撃は、その国への攻撃であり、仮に、外国人しか住んでいない地域への攻撃だったとしても、それへの反撃は個別的自衛権の行使として正当化できる。

また、自国領域の防衛のために、他国の軍隊や政府に協力してもらっている場合、それへの攻撃を除去する作用も個別的自衛権の範囲に含まれる。ポイントは、「領域への攻撃」が個別的自衛権の範囲を画定する要素だということである。

この個別的自衛権の行使としての実力行使は、あくまで、自国領域への武力攻撃を除去するために必要最小限度でなければならない。これは国際法上の要請であり、日本政府も一貫して、個別的自衛権の行使は「必要最小限度」の範囲でなければならない、と解釈してきた。例えば、A国がB国からミサイル攻撃を受けている場合、B国内のミサイル基地に反撃を加えることは「必要最小限」と言えるが、B国の首都を空爆して一般市民を虐殺することは、その範囲を超える。

このように、「必要最小限度」とは、「自国への攻撃を除去するための」必要最小限度ということである。

## ◉2 集団的自衛権が「必要最小限度」?

では、集団的自衛権を行使することを、従来の文脈で言う「必要最小限度」として正当化できるだろうか。

それは、どう考えてもあり得ない。集団的自衛権とは、外国(領域)に対する武力攻撃を、自国(領域)が直接攻撃されていないにもかかわらず、実力をもって阻止する国際法上の資格である。「自国が直接攻撃されていない」場合なのだから、「自国への攻撃を除去するための」必要最小限度に含まれないのは論理的にあまりにも当然だろう。

この点、本報告書は、集団的自衛権を「自国が直接攻撃されていない場合」の武力攻撃を正当化する資格と定義している(22頁)。そうすると、「必要最小限度」の範囲に集団的自衛権の行使が含まれる、という本報告書の記述(21頁)は、必要最小限度という法概念を全く理解していないことを露呈してしまっている。

このように、本報告書は、初歩的な法概念の整理もできていない。安保法制懇談会では、法学的な議論がほとんどなされなかったのだろう。これもまた、「法的基盤の再構築」を目指す懇談会として、あまりに無責任な態度である。

## ◉3　本当に「限定」しているのか？

ところで、本報告書の内容は、集団的自衛権の「限定」容認論だと言われることがある。具体的には、集団的自衛権行使の範囲を「日本の安全に重大な影響を及ぼす可能性がある」場合に限定すべきという議論を展開している（22頁）。本報告書は、これにより歯止めがかかると考えているようである。

しかし、「重大な影響」という要件は、個別的自衛権の「自国への急迫不正の侵害」要件と異なり、法概念として著しく曖昧である。この要件は限定としては機能しないだろう。

例えば、2003年、アメリカ軍とイギリス軍は、共同でアフガニスタンを攻撃した。アメリカはこれを、9・11テロ以降続くアメリカへの「急迫不正の侵害」を除去するための個別的自衛権の行使だとして正当化した。これに対し、イギリス政府はそれを集団的自衛権によって正当化している。

もし、本報告書のような解釈を前提にするならば、アメリカでのテロの危険を放置すれば、日本にもテロが広まる危険があり、日本にも「重大な影響」があるとして、日本も攻撃に参加していた可能性が十分にある。

集団的自衛権行使容認の立場を採る国会議員でも、アフガニスタン攻撃のような武力攻撃には慎重な人が多い。だとすれば、本報告書の要件設定は、そのような事態への歯止めになりえないことに、十分注意する必要がある。

さらに、本報告書が掲げる他の限定条件、すなわち、国会の承認や、第三国通過の場合の承認などは、あまりにも当然なすべき要件にすぎない。限定を課しているというよりは、最低限の条件に過ぎないのである。

結局のところ、本報告書の実質は、集団的自衛権の「限定容認論」ではなく、「全面解禁論」である。それが、自衛のための「必要最小限度」に含まれるという議論は、合理的な判断をしようとする人には、理解不能な水準である。

## ◉4 在外自国民の保護

ところで、集団的自衛権の行使に関連して、しばしば、外国の領域内にいる自国民の保護の必要性が取り上げられるので、これについても検討しておこう。

外国領域内にいる日本人が危険な状況に置かれている場合に、そうした日本人の安全を確保したい、という気持ちは理解できる。しかしながら、領域主権国家という大原則の下では、外国の領域での出来事である以上は、その国の主権を尊重するのが基本になる。

主権国家は互いにその主権を尊重しなければならず、国内行政に止まる限りは、その国の政府の判断を尊重せねばならない。外国で日本人を被害者とする強盗事件が起こったからといって、日本の警察が直ちに海外で捜査活動することが許されないのと同様である。日本政府としては、その外国政府が適切に捜査活動をし、犯人を処罰してくれるよう、要請するしかないのが原則である。

ただし、その国が自国民を保護する意思や能力を欠いているような、ごく例外的な場合には、救出活動のための領域侵犯や、救出活動に付随する正当防衛が、個別的自衛権の行使あるいは、別個の自国民保護権の行使として正当化されると言われている。

安倍首相やそれに近い人々の言動を見ていると、在外自国民保護のために、集団的自衛権の行使が必要だと認識しているように思えるが、本来、集団的自衛権とは全く関係がない。

こうした、在外自国民の保護は、集団的自衛権とは別の問題として処理し、いかなる条件の下で、どこまでの実力行使が許容されるかを、国際法に照らして、慎重に検討すべきだろう。

## 4 安保法制懇の無責任さ

以上のように、安保法制懇の議論は、法学的にあまりに稚拙であり、その態度は、安全保障の議論として極めて無責任である。本報告書はリスクの塊であり、それに従い集団的自衛権を行使すれば、政府は巨大な訴訟リスクを負い、遵法意識の低い政府だという印象を内外に与える。

これは、外交的にも、国内政治的にも、最悪に近い帰結になる。もし、集団的自衛権を行使する必要があるなら、憲法の改正手続を踏み、きちんとした法的基盤を整えるべきだろう。

そもそも、日本政府も日本国民も、現行憲法規定の下では、自国が攻撃を受けていない状況で、海外に武力攻撃をすることはできない、と理解してきた。こうした理解は、国民の行動の基本的な前提になっており、例えば、自衛官は、自らの仕事を日本の防衛のための仕事だと理解しているし、日本国民は、首相や国会議員に集団的自衛権の行使を承認する権限はないことを前提に選挙をしている。

そして、日本国民の多くは、「そうしたルールを変更するには、憲法改正の手続が必要だ」と認識してきた。だからこそ、集団的自衛権の行使を容認すべきと考える人の多くは、「改憲派」であったのである。

しかし、安保法制懇の憲法解釈は、そうした日本国民の法的認識に真っ向から反している。これは、国民の行動の前提を破壊するものだし、本来、国民全体で議論すべきことを、ごく一部の者の判断で変更してしまうもので、あまりに姑息な手法である。

とすれば、結論は、こうなる。

集団的自衛権の行使容認に賛成する人であっても、反対する人であっても、理性的な人であれば、安保法制懇の本報告書の法的検討の稚拙さ、安全保障政策への無責任さには、心の底から呆れ果てるはずである。

そして、私は、安倍晋三首相が、そのような理性的な人間の一人であることを、心の底から祈っている。首相が理性的であることを祈らなければならない事態というのは、深刻な事態と言わざるを得ないが……。

# 政府の憲法解釈を立憲主義の原則から検証する

２０１４年５月

## 1 政府の憲法解釈を巡る動き

２０１３年夏、安倍政権は、法制局勤務経験のない外交官・小松一郎駐仏大使を内閣法制局長官に就任させる人事を行った。内閣法制局長官は、法制局勤務経験の豊かな内閣法制次長を昇格させるのが慣例だったので、かなり異例の人事である。小松氏は集団的自衛権行使容認派とされていたため、この人事は、従来の内閣法制局の解釈を変更し、現行憲法下で集団的自衛権の行使を容認する解釈を採用するためだと報道された。

この点は、２０１３年8月2日に、読売新聞朝刊が特ダネとして報じ、「法制局長官解釈見直し派」という見出しが躍った。また、読売新聞は翌8月3日の紙面で、首相の諮問会議である「安全保障の法的基盤の再構築に関する懇談会」（安保法制懇）の議論の動きも紹介している。

その後、２０１３年内は、特定秘密保護法の制定などもあり、憲法解釈変更を巡って大きな動きはなかった。しかし、年明けの通常国会で、安倍首相の積極的な発言が相次ぐ。

2月12日には、民主党・大串博志議員から「政府が適切な形で憲法解釈を明らかにすることによって集団的自衛権の行使は可能であり、憲法改正が必要だという指摘は必ずしも当たらないと。これは、先ほどお話があったように、政府としてはこの答弁をしたことはございません。新しい意味としてこの答弁をされたのか、総理の御存念をお聞かせください」との質問に対し、次のように回答する。

「先ほど来、法制局長官の答弁を求めていますが、最高の責任者は私です。私が責任者であって、政府の答弁に対しても私が責任を持って、その上において、私たちは選挙で国民から審判を受けるんですよ。審判を受けるのは、法制局長官ではないんです、私なんですよ。だからこそ、私は今こうやって答弁をしているわけであります」（衆議院予算委員会2014年2月12日、安倍内閣総理大臣発言）

この発言は、いささか論旨が不明確である。しかし、内閣法制局などを無視して、自らの独断で憲法解釈する姿勢を示すものとも解釈できるため、立憲主義の否定だと批判され、大きく報道された。

その後、その懸念を裏付けるかのように、安倍政権は、閣議決定による解釈変更の姿勢を打ち出した。これに対しては、特に野党から、国会での議論を軽視するものと強く批判された。さらに、連立政権を組む公明党の慎重な姿勢や、自民党内からの異論もあり、政権は、ある程度慎重な姿勢を示すに至っている。

もっとも、慎重姿勢に転じたとはいえ、政権の動きは、海外での武力行使の可能性を、「内閣」というごく一部の者の判断で広げようとするものであり、極めて危険なものである。そこで、以下では、そもそも憲法解釈とは、どのような営みなのか、という点を検討した上で、安倍政権の動きのどこに問題があるのか、また、それはどのように報じられるべきなのか、を分析することにしたい。

## 2 憲法と立憲主義

「憲法」とは、一言で言えば、国家権力を統制するための法典である。では、なぜ国家権力は、法によって統制されなければならないのだろうか。

### ◉1 個人の尊重

国家権力を法で統制すべき第一の理由は、「個人の尊重」の理念実現である。

そもそも国家を作る理由は、全ての人が人間らしく安心かつ幸せに暮らせるよう、しっかりした秩序を作るためである。しかし、ひとたび秩序が成立すると、少数派宗教の弾圧や、不平等な課税など、少数派の弾圧が、権力者にとって秩序維持のための魅力的な選択肢となる。差別の対象になっている少数派を攻撃しても、反発するのはごく少数だし、他の多くの国民の支持も高まるからである。

しかし、そうした少数派の弾圧は明らかな不正義である。また、人は誰しもが異なる個性を有するが故に、何らかの意味では少数派であるから、一部の少数派を弾圧すれば、他の市民は、（自分は常に「多数派」であり続けられると考えるほどの楽天家でもない限り）、次は自分ではないかと不信を持つだろう。

したがって、少数派を平然と弾圧する国家権力は、結局、全ての国民の支持を失い、非常に不安定になる。そうなれば、国家権力は社会秩序を維持する力を失い、国民は無政府状態に苦しまなくてはならなくなる。

このため、国家を作る際には、個人の権利を保障し、一人ひとりの国民を個人として尊重する法を確立しておく必要があろう。

## ◉2　権力独占・濫用の防止

第二の理由は、権力独占・濫用の防止である。

どんな好人物であっても、権力の座に就くと、権力を独占し好き勝手に権力を行使しようとする傾向がある。歴史を紐解けば、「首相」や「大統領」の地位にある人が、議会や裁判所の権限を縮小して、自分の権力を拡大しようとした事例は枚挙に暇がない。

そして、権力独占は権力濫用を招き、悲惨な事態をもたらす。内閣などごく一部の者の判断で軍や警察を動かせるので、無謀な戦争や不当な逮捕が横行する。また、経済政策や社会保障政策でも、国民一般の利益を無視した不合理な措置が採られたりする。

こうした事態を防ぐためには、権力の独占・濫用を防止する法を確立しておく必要があろう。

## ◉3 国家権力の予測可能性

第三の理由は、国家権力に予測可能性を与えることである。

国家権力の行動は、国民生活に重大な影響を与える。このため、国家権力の行動基準を予め明確に定め、国民が予測し易くしておく必要がある。例えば、刑法が存在せず、何をすると罰せられるかが不明確であったなら、国民はいつどんな理由で罰せられるか分からない不安な状態の中で生きなくてはならない。

国家権力は、強大な権力を有するからこそ、国家権力の予測可能性を高めることは、国民にとって重要となる。

## ◉4 立憲主義

以上のように、個人を尊重し、権力独占・濫用を防止し、国家権力に予測可能性を与えるために、国家権力を統制するための法典が重要になる。

その法典には、個人の権利保障や、権力独占を防止するための権力分立規定などの内容が盛り込まれる必要があろう。また、予測可能性の確保という観点から、その法典は、国家権力の行使に先立って、明確に規定され、公示されることが好ましい。権利保障と権力分立を内容とする公示された法典を制定し、国家権力を統制すべきだ、という原理を立憲主義という。

そして、立憲主義の原理に基づき制定された国家権力統制のための法典を「憲法」と呼ぶ。日本の場合には、「日本国憲法」がそれに該当する。

## 3 憲法解釈とは何か？

「憲法とは何か」が明確になったところで、その「解釈」について考えよう。「個人の尊重」「権力独占・濫用の防止」「予測可能性の担保」という立憲主義の目的からすれば、憲法は、いつ誰が読んでも同じ帰結が出るような、明確で詳細な文章であることが望ましい。

例えば、首相や大統領の任期の規定が、「国民の支持のある限り」のようなあいまいな文言だと、腐敗した長期政権の居座りを許してしまったり、選挙日程などの政治の見通しがつけられなくなったりする。そこで、そうした職の任期は、「下院が不信任決議を可決するまで」とか、「4年」といった誰でも明快に判断できる文言を使うべきである。

## ◉1　抽象的な文言の必要性

とはいえ、明確で詳細な憲法という理想を完全に実現するのは難しい。

まず、憲法が適用される場面は非常に多様であるため、統治の基本原理や個人の権利保障は、抽象的な理念や原理を表す文言で規定せざるを得ない場合もある。例えば、憲法14条1項が保障する平等権は、租税徴収や刑罰、社会保障など多様な場面に適用される。それを「所得税を課す場合には○○を等しくしなければならない、常習窃盗の加重は○○の範囲でなければならない……」といった形で、場面ごとに詳細に規定して行けば、憲法14条はそれだけで膨大な法典になってしまうだろう。そこで、「法の下に平等」という抽象的な文言が採用されている。

また、憲法を制定した時点では存在しなかった技術や社会状況が生じることがある。例えば、日本国憲法制定時には、インターネットなどの技術はなく、プライバシー権の社会的意義も大きくはなかった。このため、憲法には、プライバシー権を明文で規定した条文はない。しかし、憲法を改正しない限り、プライバシー権を侵害し放題、というのは妥当ではないだろう。時代状況の変化に対応しながら人権保障を適切に実現するために、憲法には、柔軟な文言を使った条項を入れておくのが好ましい。

このように、国家は様々な領域で様々な活動を長期にわたってするため、それらすべてをカバーするためには憲法の文言は抽象的にならざるを得ない。この抽象的な文言を具体的な事案に当てはめるために、憲法解釈が必要になる。

## ◉2　具体的な文言の限界

では、文言が具体的であれば解釈が不要かというと、そうでもない。一つの法典であらゆる適用事例の扱いを網羅的かつ明確に規定することは、実際の出来事が全て固有性を有する以上、原理的に不可能である。

例えば、多くの国の憲法には、首相が死亡したり病気で意識を失ったりした場合の規定があるが、強度の躁うつ病になった場合や山で遭難した場合について明確に定める規定はない。しかし、そうした場合に、死亡などに準じて特別な扱いをしなくてよいのだろうか、といったことは問題になるだろう。

このように、具体的に規定された文言がある場合に、文言上は必ずしもあてはまらないように思える事案でどう対応すべきかを考えるためにも、憲法解釈が必要になる。

## ◉3　憲法理解の対立

憲法解釈、すなわち、憲法に規定された抽象的文言をどう具体化するか、あるいは、具体的文言のエッセンスをどう抽象化するかについては、しばしば複数の理解が対立する。

こうした場合、複数の解釈を吟味し、どれが一番妥当かを検討して、一つに統一・画定する作業が必要になる。これが、憲法解釈学という作業である。憲法を解釈する人は、普通は自分の解釈が正しいという主張を含んでいるので、憲法解釈学のことを単に「憲法解釈」という場合も多い。

## 4 どう憲法を解釈すべきか?

では、人により理解が異なる場合、どのように憲法を解釈すべきだろうか。

憲法解釈は、異なる考えが対立している場面でなされるのだから、もし、自分の主張を一方的に押し付けようとすれば、相手はもちろん納得しないだろう。さらに、第三者がそれを正当な解釈だと考えてくれる可能性も低いだろう。このため、憲法解釈にあたっては、自分の主張をただ強硬に押し通すのではなく、相手や第三者も「なるほど」と思うように、十分な説明ができる解釈を示すべきである。

### ◉1 権力抑制と権利尊重

では、どうすれば納得が得られるだろうか。まず重要になるのは、憲法解釈者が共通の基盤としているところに立ち戻ること、つまり、立憲主義の原理に立ち戻った上で、これに適合していることを示すことである。具体的には、次のようなことを言う。

まず、立憲主義の原理からは、個人の権利を尊重する解釈が求められる。憲法は、少数派の弾圧を防止し、正義に適った統治を進めるための法典である。このため、少数派の弾圧を容易にするような解釈は、やはり説得的ではない。

また、立憲主義の原理からすれば、憲法は、権力制限的に解釈されなくてはならない。先ほど述べたように、憲法は、権力の独占を禁止し、その濫用を防止するための法である。このため、国家権力の独占や拡張を認める方向での解釈は、基本的に説得力がない。

このように、立憲主義の原則により適合する解釈の方が、相手や第三者の納得を得やすい。

## ◉2　解釈の整合性と安定性

また、立憲主義に基づく予測可能性の確保という観点からは、解釈の整合性と安定性という視点も重要である。

まず、解釈の整合性とは、ある解釈が、憲法の他の条項やその解釈と整合的であることを意味する。例えば、憲法65条は、「行政権は、内閣に属する」と定めるが、この「行政権」に侵略戦争をする権限が含まれるとの解釈は、戦争放棄を規定した憲法9条と整合的でない。国民は、憲法9条の文言から、政府は戦争をしないだろうと予測するはずなので、こうした整合性のない解釈は、国民の予測可能性を大きく裏切るものになる。

さらに、解釈の安定性という観点も重要である。憲法の条文には、様々な解釈の可能性がある。しかし、様々な解釈が積み重なる中で、国民や法律家の間で、一定の理解が共有されるに至る場合がある。

例えば、憲法44条は、国会議員の選挙人の資格を「人種、信条、性別、社会的身分、門地、教育、財産又は収入によって差別してはならない」と定める。この文言からは、選挙区ごとの定数不均衡（投票価値の不平等）が禁止されるかどうかは定かではなく、憲法制定当初は争いがあった。しかし、現在では、多くの法律家・国民は、投票価値の平等は憲法上の要請だと理解しているし、歴代政府もそう理解してきた。このため、ほとんどの国民は、国会や政府は、それを前提に行動するだろうと信頼し、また予測している。こうした状況下で、国会や政府が、突然、異なる解釈を採用し、投票価値の不均衡を拡大させるような政策をとれば、国民の信頼や予測を裏切る。これは、予測可能性の確保という観点から好ましくない。

このように、整合性と安定性ある解釈が、予測可能性の確保のために必要である。

## ◉3　バランスのとれた解釈

以上に見たように、憲法解釈は、権利尊重や権力抑制の理念との適合性、他の条文との整合性、解釈の安定性といった要素を考慮して行うべきである。ただ、今述べた諸々の要素は、しばしば対立するという点には注意が必要である。

例えば、ニューディール期のアメリカ連邦最高裁判所は、ルーズベルト政権の社会政策立法に違憲判決を連発し、司法部門と政治部門の緊張関係を招いた。これは、「社会政策立法はそれまで自由に行使できた財産権や契約の自由の侵害であり、権利尊重に反する」と考えた裁判所が、権利尊重を重視する半面で、裁判所の権限を拡張しすぎた結果として、権力分立の理念から好ましくない事態を生じさせたものである。

また、不当な解釈が積み重なっている状況で、解釈の安定性を強調しすぎると、権利尊重や権力分立の理念から好ましくない事態が生じる。現在の憲法規定の下では、内閣は何時でも自由に衆議院を解散できるという解釈が一般的で、国会議員や歴代政府もそう解釈してきたが、近年、一部の憲法学説は、それでは与党が有利なタイミングを選んで選挙をできるので不当ではないかと主張している。こうした場面で、解釈の安定性を優先させれば、より良い権力分立のあり方は実現できないかもしれない。

では、どのようにバランスをとるべきだろうか。重要なのは、「国家はそもそも全ての人が人間らしく安全かつ幸せに暮らせるようにするために設立されたものだ」という大原則を忘れないことである。

この大原則によるならば、権利尊重のための変更は、予測可能性を多少犠牲にしても許されることになる。なぜなら、予測可能性は権利の尊重を実現するための手段であって、権利のより尊重された社会への変化は、国民の期待でもあるからである。

他方で、国家権力の拡大や、国民の権利制限のための変化は、許されないことになろう。なぜなら、国家権力の拡大は権力濫用の危険を高め、国家の本来の目的に反する危険が高いからである。

## ◉4　説得力のある憲法解釈

ところで、憲法解釈の最大の難しさは、何が権利尊重で何が権利制限か、何が権力拡大で何が権力抑制かといった判断そのものが、なかなか峻別できないところにある。先に例に挙げたニューディール政策も、裁判所は財産権の制約と判断したが、政権の側は市民生活改善のための政策ととらえた。また、裁判所は政権の活動を市民生活への不当な介入と判断したが、政府の側はむしろ裁判所の判断こそを不当な介入だと訴えた。

こうした判断を適切にしていくには、国家と人権の歴史や、諸外国のある憲法制度、あるいは、日本の法制度・社会実態についての専門知識も必要だろう。国家は人権を抑圧しようとするとき、正面から「人権を抑圧します」とは決して言わない。それらしい大義名分を準備するものである。あるいは、善良な意図で作られた法律も、それを運用する人が悪用する可能性もある。そうした事態に備えるためにこそ、どういう形で人権侵害が起きやすいのかについての豊富な知識が重要なのである。こうした専門知に裏打ちされた解釈こそが、対立する相手や第三者にも説得力を有する。

このように、一定の専門知識を踏まえ、立憲主義への適合性や他の条文との整合性・解釈の安定性などの諸々の要素に十分な配慮ができていないと、対立する相手や第三者に対して、十分な説明ができる解釈は示せない。

## ◉5　不当な憲法解釈

では、十分な説明のできない解釈をすると、どのような問題が起きるのだろうか。まず、そのような解釈は、国民や法律家の納得を得られない。そうした解釈をもとに国家権力を行使すれば、憲法を無視した暴挙と批判され、政権に対する支持は低下するだろう。

また、裁判所が、その解釈を採用しない、という問題も大きい。憲法や法律の条文について理解が分かれた場合、統一的な解釈を決定する権限を司法権という。憲法76条1項は、この権限を、裁判所の権限だと定めている。したがって、政府や国会が、「憲法をこう解釈すべきだ」と主張しても、最終的に憲法解釈を画定するのは裁判所である。とすれば、裁判所に採用され得ない憲法解釈を基に、立法をしたり、権力を行使すれば、違憲の評価を受け、損害賠償を命じられたり、刑罰を科されたりするかもしれない。こうした危険を冒すことは、責任ある政府の行動とは言えない。

したがって、憲法を解釈する場合には、立憲主義の求める要素に十分な配慮をした慎重な態度が必要である。

## 5 政権の憲法解釈を巡る動きの評価

さて、以上の議論を踏まえたとき、冒頭に紹介した政権の憲法解釈を巡る動きは、どのように評価できるだろうか。また、それはどのように報じられるべきだったか。

### ◉1 内閣法制局の人事

まず、内閣法制局と政府の憲法解釈について、考えよう。

一度成立した法律が、後に裁判所に違憲と判断されれば大きな混乱が生じる。例えば、年金法が違憲無効になれば、それに基づき給付した年金をすべて回収しなければならない。こうした事態を防ぐために、法案作成段階で、法律専門家として助言する組織が、内閣法制局である。株式会社における「法務部」や「顧問弁護士」だと思えば、分かりやすいだろう。

これを踏まえると、歴代の内閣が、内閣法制局の法解釈を尊重してきたことにも十分な理由がある。法制局のような法律専門家の助言を無視すれば、裁判所に違憲・違法と評価され、社会を混乱させる危険が高いのである。

さて、こうした観点からすると、法制局長官人事は、十分な法的専門知識を持つ者であるか否か、を基準に行われるべきである。そして、その基準に照らすと、法制局勤務経験のない外交官を、唐突に内閣法制局長官に据える人事は適切でない。とすれば、報道は、2013年夏の法制局長官人事の問題点として、長官としての資質の不十分さを批判するべきだっただろう。

では、実際の報道は、どうだったか。この点、今回の報道の多くは、集団的自衛権行使容認の賛否という基準で、今回の人事を評価し、行使容認派のメディアはこれを歓迎し、行使否定派のメディアはこれを批判していたように思われる。しかし、法制局は、国のあらゆる法整備に携わる機関である。もし、十分な資質を持たない者が法制局長官になれば、様々な法領域で違憲な立法が行われてしまう可能性が高くなる。したがって、集団的自衛権行使を容認すべきという立場をとるメディアであっても、今回の人事を批判的に報道すべきだったのではないだろうか。

## ◉2　憲法と集団的自衛権

では、そもそも、現行憲法下で集団的自衛権を行使できるとの解釈は妥当なのだろうか。

これまでの日本政府は、概ね次のように解釈をしてきた。まず、憲法9条は、日本政府による対外的な実力行使一般を禁じている。このため、原則として、対外的実力行使は禁止されており、例外的に対外的な実力行使をするには、それを正当化する憲法上の根拠が必要になる。この点、自国の自衛行為（個別的自衛権の行使）については、日本政府が日本国民の生命や安全を保護する憲法上の義務を負っているという点から説明できる。しかし、他国の自衛を援助する行為（集団的自衛権の行使）については、それを義務としたり、日本国の業務に含めたりする憲法規定は存在しない。また、そうした行為を行う場合の手続きの規定もない。したがって、集団的自衛権の行使は、憲法上想定されておらず、違憲である。

こうした解釈は、幾つかの観点から正当化できる。

まず、対外的な実力行使は、攻撃対象となる外国政府や外国人にとってはもちろんのこと、国内に対しても多大な影響を及ぼす権力作用であることに注目すべきである。対外的実力行使には、莫大な財政出動が必要となり、それに伴う増税・国債発行による国民経済への影響は大きい。また、多くの人が生命の危険にさらされる。したがって、権利尊重の観点からも、権力抑制の観点からも、憲法は、対外的実力行使を抑制する方向で解釈すべきだろう。

また、それを根拠づける規定がないという点は、憲法条項の整合性という観点から、非常に重要視される要素である。

さらに、解釈の安定性という観点からも、今回の政権の動きには問題が大きい。これまで、歴代政府は、集団的自衛権は行使できないとしてきた。また、現行憲法下で集団的自衛権を行使できるとの見解は、憲法学説の中でもごく少数に止まる。このため、多くの日本国民は、現行憲法下では日本政府は集団的自衛権を行使しない、という予測を前提に行動している。もし、今解釈を変更し、集団的自衛権を行使すれば、多くの国民の予測を裏切ることになるだろう。

このように、現行憲法下で集団的自衛権を行使できるとの解釈には、問題が多い。そして、この点は、今回の動きに批判的なメディアで指摘されていたように思われる。

## ◉3　強引な解釈を進めた場合の問題

もっとも、こうした不適切な解釈を、敢えて推し進めた場合に「どんな悪いことが起きるのか」という点について、メディアの検証は不十分だったように思われる。

先ほど述べたように、政府が不当な憲法解釈を行うことは、政府の信頼を維持する上で好ましくない。政府の信頼低下は、安全保障の領域のみならず、経済政策や社会保障など、様々な点で弊害をもたらす。そうした射程を広げた弊害の検討が必要だったのではないだろうか。

また、ほとんどのメディアで、裁判所という視点が欠けていた点が残念だった。先ほど述べたように、最終的に憲法解釈を画定するのは、裁判所である。そして、安倍政権が採用する解釈は、法律家や国民の支持を得られず、裁判所に採用されない可能性も高い。そうすると、解釈を変更し、集団的自衛権行使法を制定したとしても、それに基づく自衛隊の海外派遣は違憲と評価される可能性が高い。

これは、戦慄すべき事態である。誤った憲法解釈に基づく派遣命令やそれに伴う諸々の措置の全てが違憲無効になれば、政府は、莫大な損害賠償責任を負うことになる。また、派遣命令が無効になれば、自衛隊の規律は大きく乱れる。さらに、違憲な命令を出した政府や自衛隊幹部が刑事責任を負う可能性すらある。そのような極めて不安定な法的基盤の下に、生命の危険を伴う任務を命じるのは、非常に無責任な態度と言わざるを得ない。

とすれば、集団的自衛権行使を容認すべきだと考えるメディアであっても、このような強引な解釈変更の妥当性は慎重に検討すべきだったと思われる。しかし、そうしたメディアは、裁判所や法律家の判断について掘り下げておらず、安倍晋三首相や北岡伸一氏（安保法制懇座長代理）へのインタビューでも、裁判所に違憲と判断される可能性については質問をしていなかったように思われる。

## おわりに

以上に見たように、安倍政権の動きは、集団的自衛権を行使すべきでないという立場からはもちろん、その行使を容認すべきという立場から見ても、極めて危険なものを含んでいる。とすれば、各メディアは、今一度、憲法解釈という営みの意義を再確認し、政権の動きを批判的に検証すべきであろう。それができていない現状は、様々な意味で危機的である。

# 集団的自衛権に関する7・1閣議決定とは何だったのか?

## ――技術者として閣議決定を読む

2014年9月

「ドント・パニック」。今日初めて聞いた、役に立つ、というか、理解できる言葉だ。

Douglas Adams, "THE HITCHHIKER'S GUIDE TO THE GALAXY", Chapter5

### はじめに

特定秘密保護法騒動の熱も冷めやらぬ2014年初頭、集団的自衛権が、政治課題としてにわかに注目を集めた。各種メディアでも大きく取り上げられ、過激な政権批判、これに対する呆れるほど熱い政権擁護の反論、とにかく怒っているということしか伝わらない再反論、そして、もはや何を言っているかも分からぬ再再反論などなどが交わされた。議論はピークを迎え、7月1日、安倍内閣はついに、集団的自衛権に言及した閣議決定を行った。

この閣議決定について、集団的自衛権の必要性を訴えてきたメディアは喝采を送る。曰く、「35年間、待ちに待った決定で」（岡崎久彦氏、産経新聞7月2日朝刊オピニオン面）、「米国など国際社会との連携を強化し、日本の平和と安全をより確かなものにするうえで、歴史的な意義」がある（読売新聞7月2日社説）。産経新聞に掲載された岡崎久彦氏の笑顔は朗らかで、読売新聞の紙面は揚々として明るかった。

一方、反対派メディアは、「法治国家としてとるべき憲法改正の手続きを省き、結論ありきの内輪の議論で押し切った過程は、目を疑うばかりだ」（朝日新聞7月2日社説）、「ヒトラーがやったように、日本でも憲法の解釈変更で何でもできると考え、今回、9条を骨抜きにした」（半藤一利氏、毎日新聞7月2日総合面）と、厳しく糾弾した。憲法無視に等しい暴挙で、法治主義、平和主義の深刻な危機だと論じている。

朝日新聞や毎日新聞が指摘するように、今回の閣議決定に至る動きが、あまりに強引だったことは確かである。5月から6月にかけて、米艦防護、機雷掃海、ミサイル迎撃と性質の全く異なる論点が日替わり定食のごとく次々に提示され、集団安全保障、積極的平和主義、軍国主義の再来、危険な孤立主義、徴兵制の導入、解釈改憲、文民条項の解釈変更、立憲デモクラシーといった日常生活では馴染みのない言葉が飛び交った。こんなにややこしい国際政治問題や憲法解釈を、あれだけ難しい言葉で論じられれば、多くの国民は何が何やら訳が分からない状況に置かれてしまうだろう。実際、ＮＨＫ世論調査（２０１４年7月11日から13日）でも、回答者の59%が「十分な議論がなされなかった」と回答している。

こうした混沌の中で必要なことは、「今、何が論じられているのか」「閣議決定は何を決定したのか」を明確にする作業であろう。議論の肝がしっかり整理されてさえいれば、国民は、今後の議論をどう評価すれば良いか理解でき、首相や「有識者」が何を言おうと冷静に対処できる。とにかくパニクらないことが肝心である。というわけで、以下、集団的自衛権を巡る議論を整理し、7・1閣議決定の意味を解析して行きたい。

## 1　技術としての立憲主義

今回の閣議決定を分析する上で重要なのが、政治的駆け引きを超えた「技術としての立憲主義」という視点である。立憲主義とは、簡単に言えば、「国家権力は、憲法に違反してはならない」という構想である。では、なぜ立憲主義が必要なのか。

一般的には次のように言われる。憲法は、個人が個人として尊重されるために必要な人権を保障し、国家権力の濫用を防ぐものである。もし、国家権力がそれを無視すれば、フランスのロベスピエールやイギリスのクロムウェルが行ったような圧政が生じ、ナチスドイツ等の下で起きた苛烈な人権侵害に人々が苦しむことになる。だから、国家権力は憲法で拘束しなければならない。

もちろん、こうした一般的な説明は正しい。独裁政権への反省こそ、立憲主義の魂である。しかし、立憲主義の価値は、「守らないと酷い目に合う」という消極的な役割に限られない。「国家を理性的に運営するために必要な技術だ」という積極的な役割にも注目する必要がある。

そもそも、国家という団体には、「苦難の歴史」や「愛国の志」など、個人にはいかんともし難い歴史物語が絡みついてくる。例えば、どう考えても隣国と友好関係を築くのが得策な時でも、「２００年前の恨み」だとか、「国辱を晴らす」といった歴史物語に基づく言説が出てきてしまう。そうなると、国家の運営は、理論より感情、合理的説得より罵詈雑言といった方向に流れ、理性的な国家運営は遠のいてしまう。

「法」という技術は、人々が感情に流されそうなときに、冷静な判断に引き戻してくれる。なぜなら、法は、個別具体的な事案から、法的に重要な要素のみを抽出して、「理論的」に処理する。性格が良かろうが、身長が高くてカッコよかろうが、法の世界では、債務者は債務者、犯罪者は犯罪者、無罪は無罪、違憲無効は違憲無効である。法は対象と適度な距離を採ることにより、激情に冷や水を浴びせ、冷静な議論を導く効果を持つのである。

憲法にも、そうした機能がある。例えば、ある権力者が、「日本を取り戻すために絶対必要な政策」を思いついたが、憲法を遵守する限りその実現は難しい（また、そもそも大多数の人からすれば、権力者が妄想に取りつかれているようにしか見えない）、というような状況を考えてみよう。

憲法は、法律に根拠がなければ、どんなに素晴らしい政策であろうと、権力の行使を認めない。つまり、民主的な手続や公会の討論を経ていない政策は、その内容の良し悪しに関わらず、「法律制定手続きを経ていない」という形式的理由で排除する。だから、憲法の形式的なハードルを越えようとすれば、国民の代表の集まる国会で法律を制定しなければならない。そして、法律を制定するためには、多くの国民が納得するような冷静で理論的な議論を、国会の場でする必要がある。こうした手続きは、一見まどろっこしく感じるが、長い歴史の中で、全く異なる個性を持つ人々が共存するために不可欠の技術として、発展し定着してきたわけである。「手続きを通じて人々を冷静な議論に導く」というのが、憲法の体現する技術である。法律家は、社会の熱情から一歩引いたところで、冷たく理論的な突っ込みを入れる技術者である。立憲主義は、そうした技術と技術者を、国家の運営に取り入れる構想でもある。

つづいて、こうした憲法の構想を前提に、今回の閣議決定を分析してみよう。

## 2　立憲主義の破壊者としての安倍政権?

立憲主義という視点から見た時、憲法改正規定を先行改正しようとしたり、対立意見を排除して議論を進めたりと、7・1閣議決定に至るまでに、安倍政権はあまりに乱暴な動きをしてきた。

まず、憲法改正規定の先行改正について確認しておこう。後に述べるように、日本国憲法は集団的自衛権の行使を禁じているので、それを行使するなら憲法改正の手続をとるしかない。ただし、憲法は国家の基礎を定める極めて重要な法典であるから、憲法改正には、衆参両院の総議員の3分の2の賛成による発議と、国民投票による承認が要求されている（憲法96条）。

この厳格な手続を通す自信がなかった安倍首相は、2013年の初頭より、憲法96条自体を改正して、「総議員の過半数」で憲法改正発議をできるようにしようと主張した。要するに、与野党の広範な合意を形成することなく、与党の賛成のみで改憲を発議できるようにすべきだと主張したわけである。これが通れば、与党がタイミングを見計らって、集団的自衛権行使容認の改憲発議ができることになっただろう。

この提案に対しては、護憲派からはもちろん改憲派からも「立憲主義に反する」との批判が高まった。2013年6月～7月の諸々の世論調査では、概ね96条改正反対の意思が示され、この動きは沈静化した。

憲法改正が無理だと考えた安倍政権は、政府内部ででき、国民の手の届かない、政府解釈の変更という手法を用いることにしたのである。

その第一の布石が、2013年夏の内閣法制局長官人事だった。内閣法制局とは、一般の会社の法務部や顧問弁護士のような仕事をする部署である。その役職柄、内閣法制局長官には、法制局の業務に精通した人物を任用するのが慣例である。内閣法制局は、日本国憲法下では集団的自衛権を行使できないと一貫して解釈してきた。法制局の意見に反して活動すれば、顧問弁護士の忠告を無視する社長のように、強い批判を浴びることだろう。そこで、集団的自衛権行使容認に積極的だった外務官僚、小松一郎氏を長官に据えるという異例の人事を行い、安倍首相にとって都合のよい「内閣法制局の解釈」を出してもらう準備を整えた。

さらに、首相は、安全保障政策について自分と近い考えを持つ人々のみを集め、私的諮問機関「安全保障の法的基盤の再構築に関する懇談会」(安保法制懇)を開催した。2014年5月15日に提出された、安保法制懇の報告書は、現行憲法下でも集団的自衛権を行使できると結論した。この報告書には、法解釈学的考察をした形跡はほとんどなく、憲法解釈論として見るべきものをほとんど含んでいない。安倍政権の政策が「有識者」のお墨付きを受けた、という社会的雰囲気を醸成することを目指したものだろう。

報告書を受け、自民・公明両党は、安全保障法制をめぐる与党協議を5月20日から開始し、11回の会合を重ねた。この協議では、公明党は慎重な姿勢を示したが、結局、閣議決定に賛成する形で与党協議が終わった。こうして、7月1日、内閣は「国の存立を全うし、国民を守るための切れ目のない安全保障法制の整備について」と題する閣議決定を行った。

以上のように、安倍政権は、自らの考え方と異なる考え方をする人々、すなわち、熱情に冷や水を浴びせようとする人々を議論の場から排除しようとあの手この手を使っている。立憲主義という構想と相いれない政権であることは否定できない。こうした一連の動きの中で提示された閣議決定が、警戒心を持って報道され、立憲主義を否定するものではないかという疑念を持たれるのも故なきことではない。

ただ、注意しなければならないのは、作品を生み出したプロセスと作品それ自体の意味とは、それぞれ独立した問題である、という点である。今回の閣議決定自体の内容も、それが出来上がるプロセスの乱暴さとは独立に、冷静に分析されねばならない。もし、批判する側が冷静さを失えば、批判者までもが立憲主義の大切な役割、すなわち「手続きを通じて人々を冷静な議論に導く」という技術的側面を破壊することになるだろう。

そういう観点から見たとき、閣議決定をめぐる報道には疑問が残る。冒頭に見た産経新聞や読売新聞は、「７・１閣議決定で、これまでできなかったことができるようになった！」と理解している。この点は、朝日新聞や毎日新聞の報道も同じで、だからこそ、歴史的暴挙という位置づけになる。ただ、これは、政治プロセスの中での安倍首相らの「これまでできなかったことをやれるようにするぜ、やっほう！」という姿勢に引っ張られた理解であろう。閣議決定の内容それ自体を冷静に分析すれば、違った姿が見えてくるはずである。

今、本当になすべきことは、安倍首相の前のめりの姿勢に惑わされず、テキストはテキストとして冷静に分析することだろう。それには技術者としての法律家の視点を持つことが不可欠である。そこで、以下、７・１閣議決定を、法律家の視点から技術的に分析してみよう。

## 3 集団的自衛権とは何か？

そもそも集団的自衛権とは何だろうか。これを理解するには、19世紀にまで話を遡るのが良い。この頃の国際法の下では、宣戦布告などの手続きをきちんと踏めば、戦争自体は国際法違反ではなかった。各国は自国の安全を確保するため他国と同盟を組み、「この国を攻めれば同盟国が参戦してくるぞ」と脅しを掛け合うことで戦争を抑止する「勢力均衡政策」が採られた。しかし、この政策には、大きな欠点があった。

まず、この政策の下では、同盟間で敵愾心が煽られ、本来無用な国際的緊張が生じてしまう。さらに、ちょっとした小競り合いや小規模な紛争が、あっという間に世界規模の大戦争につながってしまう。この危険が具体化した二度の大戦以降、世界各国は、勢力均衡に代わる新たな紛争抑止政策を開発した。それが、国連憲章に結実した「集団安全保障」という構想である（以上の経緯については、森肇志「国際法から考える集団的自衛権」、「潮」２０１３年12月号参照）。

まず、国連憲章第２条４項は、それまでと異なり、国家による組織的な武力行使・武力による威嚇一般を違法とする「武力不行使原則」を定めた。条文は次のとおりである。

【国連憲章第２条４項】

すべての加盟国は、その国際関係において、武力による威嚇又は武力の行使（the threat or use of force）を、いかなる国の領土保全又は政治的独立に対するものも、また、国際連合の目的と両立しない他のいかなる方法によるものも慎まなければならない。

もっとも、いくら違法と言われようと、国際法を破って侵略する国も現れるだろう。そういう場合にはどうするのか。国連憲章第42条は、次のように定める。

【国連憲章第42条】

安全保障理事会は、第41条に定める措置［武力を伴わない経済的・外交的措置や通信や交通の遮断などのこと、木村註］では不充分であろうと認め、又は不充分なことが判明したと認めるときは、国際の平和及び安全の維持又は回復（maintain or restore international peace and security）に必要な空軍、海軍または陸軍の行動（action by air, sea, or land forces）をとることができる。この行動は、国際連合加盟国の空軍、海軍又は陸軍による示威、封鎖その他の行動を含むことができる。

ここでは、国連安保理の決議に基づき、平和と安全を維持・回復するために、「空軍、海軍または陸軍の行動」をとることができるとされる。この「行動」は、侵略を受けた国だけではなく、国連加盟国が兵士や装備を出し合って行うことが想定されている。

このように、武力行使一般を違法とした上で、侵略国への対応を、被害国の同盟国だけでなく、世界全体で行おうというのが集団安全保障という構想である。

もっとも、国連安保理は、多数の理事国からなる会議体であり、迅速な対応ができないこともある。また、五大国が拒否権を持っているため、適切な決議が得られないこともあり得る。そうした場合にどうすべきかは、次の条文を見ていただきたい。


【国連憲章第51条】

この憲章のいかなる規定も、国際連合加盟国に対して武力攻撃が発生した場合には、安全保障理事会が国際の平和及び安全の維持に必要な措置をとるまでの間、個別的又は集団的自衛の固有の権利（the inherent right of individual or collective self-defence）を害するものではない。この自衛権の行使に当って加盟国がとった措置は、直ちに安全保障理事会に報告しなければならない。また、この措置は、安全保障理事会が国際の平和及び安全の維持または回復のために必要と認める行動をいつでもとるこの憲章に基く権能及び責任に対しては、いかなる影響も及ぼすものではない。


このように、国連憲章は自衛権を適法としているが、あくまで国連の集団安全保障措置までの臨時措置としての位置づけである。したがって行使の要件もかなり厳格だ。具体的には、①「武力攻撃が発生」していること（単なる「武力の行使」にとどまらず、正規軍による組織的・計画的な武力行使が発生していること）、②「自衛の必要性」があること（外交交渉の努力などを尽くし、自衛権の行使以外の方法では自衛ができないこと）、③「自衛の均衡性」のとれた措置であること（自衛のために必要な範囲を超えた実力を行使しないこと）、という条件を充たす範囲でのみ許容される。

ここで、自衛権には、「個別的」なものと、「集団的」なものがあるとされる。個別的自衛権とは、A国がA国自身を守るための措置をとる権限である。他方、集団的自衛権とは、A国が、B国の自衛に協力する権限である。時折誤解している人がいるように思うが、集団的自衛権は、「自衛権」と名前がついているものの、直接的には他国を守ることを目的とした権利であり、他者と協力して「自国」を守る権利ではないことはしっかりと理解して頂きたい。「風が吹けば〜」的に自国の安全に資することもあるかもしれないが、武力行使の直接の目的は、あくまで他国の保護である。直接の目的がどこの国の保護にあるのかを判別することは、法的検討には絶対に必要である。

このように、個別的自衛権・集団的自衛権は国際法で認められている権利である。もっとも、与えられた権利を行使するかどうかは、その国が自ら判断することである。これは、一定の年齢に達した人は、適正な訓練を経た上で自動車運転免許を取得する権利を持っているが、免許を取得するか否かはその本人の自由な意思に委ねられているのと同様である。

というわけで、日本国憲法が集団的自衛権に対してどういう態度をとっているのか検討しよう。

## 4 憲法と自衛権

憲法9条は次のように定める。

【日本国憲法9条】
1項 日本国民は、正義と秩序を基調とする国際平和を誠実に希求し、国権の発動たる戦争と、武力による威嚇又は武力の行使は、国際紛争を解決する手段としては、永久にこれを放棄する。
2項 前項の目的を達するため、陸海空軍その他の戦力は、これを保持しない。国の交戦権は、これを認めない。

まず、1項は、国連憲章と同様に、武力行使を禁じる。また、2項は、武力行使のための「戦力」を持つことを禁じる。憲法学説は、A説：9条は1項であらゆる武力行使を禁じている、との見解と、B説：1項は「国際紛争を解決する手段」としての武力行使を禁ずるのみだが、2項で戦力保持が禁じられるので、結局、9条はあらゆる武力行使を禁じている、という見解に分かれる。もっとも、A・Bどちらの説をとっても、〈あらゆる武力行使が9条により禁じられる〉、との結論は一緒である。

さて、9条があらゆる武力行使の禁止を定めているとなると、対外的実力行使を許容するためには、9条の定める原則論に対する例外を許容するような、何らかの積極的な根拠が必要である。憲法研究者の間には、「そのような例外を根拠づける規定は存在しない」として、あらゆる戦力の保持を違憲だとする考えも根強い。

これに対し、歴代政府は一貫して、平和的生存権を宣言する憲法前文や、「生命、自由及び幸福追求に対する国民の権利」は「国政の上で、最大の尊重を必要とする」と規定した憲法13条を根拠に、「自国の平和と安全を維持しその存立を全うするために必要な自衛の措置」を採ることは憲法上許容されると解釈してきた（例えば、後述の72年見解等参照）。

ここに言う「自衛の措置」とは、自国への武力攻撃を排除する措置であるから、国際法上は個別的自衛権により正当化される。また、個別的自衛権の行使は、あくまで国内の平和・安全を守るための作用であるから、「防衛行政」を消防行政や警察行政の延長線上に位置づけ、自衛隊の防衛出動を行政の一環として首相や防衛相の指揮監督の下に置くわけである。こうした解釈には、一定の説得力があるだろう。

もっとも、憲法解釈としては、どうあってもここが限界である。というのも、憲法には、日本が国連の集団安全保障や外国の自衛援助のための武力行使を根拠づける規定はないからである。このことは、内閣の権限を規定する憲法第五章を見ると良く分かる。

まず、章の冒頭で、「行政権は内閣に属する」と規定する（65条）。この「行政権」とは、国内の主権作用のうち、立法・司法を除いた作用と定義される。ただ、国内主権作用という定義だけだと、例えば、外国と国交を結んだり、条約を締結したりする作用が行使できなくなってしまう。そこで、憲法73条は、内閣が持っている権限をより詳細に列挙し、狭い意味での「行政」以外の権限も内閣に属していることを規定する。条文を確認しておこう。

【日本国憲法73条】

内閣は、他の一般行政事務の外、左の事務を行ふ。

一　法律を誠実に執行し、国務を総理すること。

二　外交関係を処理すること。

三　条約を締結すること。但し、事前に、時宜によつては事後に、国会の承認を経ることを必要とする。

四　法律の定める基準に従ひ、官吏に関する事務を掌理すること。

五　予算を作成して国会に提出すること。

六　この憲法及び法律の規定を実施するために、政令を制定すること。但し、政令には、特にその法律の委任がある場合を除いては、罰則を設けることができない。

七　大赦、特赦、減刑、刑の執行の免除及び復権を決定すること。

ここで注目して頂きたいのは、「一般行政事務」の他に、「外交」「条約締結」などの権限は明示されているが、「軍事」の規定はない、という点である。意識的に論じられることはあまりないが、外交と軍事の二つの作用は全く異なっていることに注意が必要である。

まず、外交とは、相互に相手国の主権を尊重し合いながら関係を取り結ぶ作用である。他方、軍事とは、外国領域で外国の主権を制圧して行う作用である。条約締結や技術援助、経済支援、貿易、国際スポーツ大会の開催などは、いずれも外国の主権を尊重して行うものであり、外交にあたる。これに対し、外国の都市を空爆したり、基地を攻撃したりする作用は、外国の主権を尊重するものではなく、軍事活動にあたる。

このように軍事活動は、行政とも外交とも性質を異にする。このため、たいていの国の憲法では、軍事権限は、行政や外交とは区別された特別の権限として規定され、軍事権行使のための特別な手続が設けられている。これに対し日本国憲法では、今見たように、憲法73条には軍事に関する規定はない。これは、内閣が、国連の集団安全保障への参加や集団的自衛権の行使といった形で軍事権限を行使することが認められていないことを意味する。

従来の政府も憲法学説も、日本国憲法の下では軍事権を行使しえないということを前提に、集団的自衛権を行使できないとしてきたのである。憲法研究者の間で解釈のわかれる論点はもちろん多々あるが、軍事権に関する限りは、日本国憲法からそれを導き出す解釈はどう考えても不可能であり、集団的自衛権の行使は違憲と解釈せざるを得ない。

## 5　7・1閣議決定の内容

そうなると、集団的自衛権の行使を容認した7・1閣議決定は違憲無効ではないか。朝日新聞・毎日新聞などの大手メディアがそのように考え、強く批判したのも道理であろう。しかし、内容を精査せずに、政権の雰囲気のみで即断するのでは、熱情に巻き込まれることになってしまう。こういう時こそ冷徹な視線が必要である。

そこで、今回の閣議決定の内容を確認しよう。

【7・1閣議決定より】

……我が国に対する武力攻撃が発生した場合のみならず、我が国と密接な関係にある他国に対する武力攻撃が発生し、これにより我が国の存立が脅かされ、国民の生命、自由及び幸福追求の権利が根底から覆される明白な危険がある場合において、これを排除し、我が国の存立を全うし、国民を守るために他に適当な手段がないときに、必要最小限度の実力を行使することは、従来の政府見解の基本的な論理に基づく自衛のための措置として、憲法上許容されると考えるべきであると判断するに至った。

（中略）

我が国による「武力の行使」が国際法を遵守して行われることは当然であるが、国際法上の根拠と憲法解釈は区別して理解する必要がある。憲法上許容される上記の「武力の行使」は、国際法上は、集団的自衛権が根拠となる場合がある。この「武力の行使」には、他国に対する武力攻撃が発生した場合を契機とするものが含まれるが、憲法上は、あくまでも我が国の存立を全うし、国民を守るため、すなわち、我が国を防衛するためのやむを得ない自衛の措置として初めて許容されるものである。

ここでは、「我が国と密接な関係にある他国に対する武力攻撃が発生し、これにより我が国の存立が脅かされ、国民の生命、自由及び幸福追求の権利が根底から覆される明白な危険がある場合」に、武力行使が許容されると言う。そして、「上記の『武力の行使』は、国際法上は、集団的自衛権が根拠となる場合がある」とされている。これだけを読むと、まさにこれまで認められていなかった集団的自衛権が行使されるようになった、と読む人もいるだろう。実際、翌日の新聞各紙は、これで集団的自衛権の行使が容認された、という前提で書かれている。しかし、本当にそうなのだろうか。

## 6 「あてはめ」の変更?

7月14日・15日の両日、国会で閉会中審議が行われ、各党の代表者から閣議決定の内容に関する質疑が行われた。まず注目したいのは、内閣法制局長官の答弁である。

実は、先ほど紹介した小松一郎氏は体調不良のため、安保法制懇報告書が提出されてすぐに退任していた。政府は、小松氏の人事での強い批判を反省したのか、後任には慣例通り内閣法制局次長の横畠裕介氏を昇格させた。横畠氏は法制局勤務が長く、現行憲法で集団的自衛権を行使できないこともよく分かっているはずである。その新長官が、閣議決定についてどのような答弁を行うのかに関心が集まった。

まず、注目すべきは、15日、参議院予算委員会での福山哲郎議員（民主党）への答弁である。今回の閣議決定は、戦後二度目の憲法解釈の変更なのか、との福山議員の問いかけに対し、横畠長官は、「あてはめの問題」であることを示した上で、「その意味で変更があったのか」ということなら変更をした、と答えた。この答弁には、横畠長官からの重要なメッセージが隠されている。それを解読しよう。

そもそも、「あてはめ」とは狭い意味での「解釈」とは異なる作業であることをご理解頂きたい。具体例を通して考えてみよう。

例えば、あるマンションの規約で「猛獣を飼ってはいけません」と決められていたとしよう（そんなことをわざわざ書くのは、かなりヘンなマンションではあるが）。しかし、単に「猛獣」と言われても、これだけでは何を指すのかよく分からない。そこで、この規約を、より明確で具体的な基準に言い換える作業が必要になる。例えば、「『猛獣』とは、放置すれば人間を殺傷する動物だ」といった感じに言い換える。このように「法文」（法律や規約の文章）を具体的な「基準」に言い換える作業を「法解釈」と呼ぶ。

もっとも、「基準」だけでは法的結論は出ない。具体的な事例を基準に照らし合わせる作業が必要である。例えば、チワワのジョンやペルシャ猫のコタロウ、アンゴラライオンのガムシャカが「放置すれば人間を殺すおそれのある動物」に該当するかどうかを判断する作業である。普通に考えれば、ジョンやコタロウは、噛んだり引っかいたりする危険があるにしても、人間を殺すようなことは考えられないから該当しないが、ガムシャカは該当するだろう。だからジョンやコタロウは猛獣ではないが、ガムシャカは猛獣であり、飼うことは許されない。こうした作業が、「あてはめ」である。

このように、法解釈というのは、①基準を立てる作業と、②具体例をその基準にあてはめる作業とがある。狭い意味での「法解釈の変更」とは、法文から導かれる「基準」自体が変更されることを言い（①の変更）、これまで「あてはめ」がされなかったものに、「あてはめ」をすること（②の新類型）は含まない。例えば、新しくクロコダイルのクロベエを飼おうとする人が現れた場合、「クロコダイルは『猛獣』に該当する」といった形で、新しい事例に「あてはめ」が行われるが、狭い意味での解釈変更がなされたわけではない。

さて、横畠長官は、今回の閣議決定は、「基準」の変更ではなく、あくまで「あてはめ」が変わっただけだと強調した。これは、政府の憲法解釈自体は、変更されていないことを意味する。このことの意味を考えよう。

## 7 72年政府見解の基準とあてはめ

そもそも、これまで政府は集団的自衛権について、どのような解釈をしてきたのか。まとまった理解を示したものとして1972年の政府見解（以下、72年見解）がある。それは、次のようなものだった。少々長くなるが、理論的にとても大事なのでお付き合い願いたい。

【1972年政府見解】

……政府は、従来から一貫して、わが国は国際法上いわゆる集団的自衛権を有しているとしても、国権の発動としてこれを行使することは、憲法の容認する自衛の措置の限界をこえるものであって許されないとの立場にたっているが、これは次のような考え方に基づくものである。

憲法は、第9条において、同条にいわゆる戦争を放棄し、いわゆる戦力の保持を禁止しているが、前文において「全世界の国民が……平和のうちに生存する権利を有する」ことを確認し、また、第13条において「生命、自由及び幸福追求に対する国民の権利については、……国政の上で、最大の尊重を必要とする」旨を定めていることからも、わが国がみずからの存立を全うし国民が平和のうちに生存することまでも放棄していないことは明らかであって、自国の平和と安全を維持しその存立を全うするために必要な自衛の措置をとることを禁じているとはとうてい解されない。

しかしながら、だからといって、平和主義をその基本原則とする憲法が、右にいう自衛のための措置を無制限に認めているとは解されないのであって、それは、あくまで外国の武力攻撃によって国民の生命、自由及び幸福追求の権利が根底からくつがえされるという急迫、不正の事態に対処し、国民のこれらの権利を守るための止むを得ない措置としてはじめて容認されるものであるから、その措置は、右の事態を排除するためとられるべき必要最小限度の範囲にとどまるべきものである。そうだとすれば、わが憲法の下で武力行使を行うことが許されるのは、わが国に対する急迫、不正の侵害に対処する場合に限られるのであって、したがって、他国に加えられた武力攻撃を阻止することをその内容とするいわゆる集団的自衛権の行使は、憲法上許されないといわざるを得ない。

72年見解は、まず、①憲法の諸条項を解釈し、「自国の平和と安全を維持しその存立を全うするために必要な自衛の措置」が許容される、との「基準」を導く。そして、②日本に対する「外国の武力攻撃」は、「平和と安全」を破壊し、「自国の存立を全う」できなくする事態に含まれるので、それを排除するための武力行使は許容される、と「あてはめ」る。自国への攻撃に反撃する権利は、国際法上は、個別的自衛権の行使として説明されるので、現行憲法上、個別的自衛権は行使できるとの結論が得られるわけである。

ところで、72年見解の示した基準からすれば、日本への武力攻撃以外の方法によって、日本の「平和と安全」を破壊し、「自国の存立を全う」できなくする事態が生じたなら、それを排除するための武力を行使できるということになる。そんな事態が現実にあるかどうかは別として、外国への武力攻撃により日本の存立を全うできなくなる事態になるのであれば、理論的には武力行使が許容されるはずである。このことを確認したのが、7・1閣議決定の内容というわけだ。

そうなると、7・1閣議決定と従来の政府解釈は整合しており、従来の基準を新たな事案（外国への武力攻撃によって、日本が「存立を全う」できなくなる事態が生じる場合）に「あてはめ」た場合の結論を付け加えたに過ぎない、という横畠長官の答弁に至る。

もっとも、そのような事案が本当にあるのだろうか。福山議員がそう質問すると、横畠長官は、こう答えた。

## 【7月15日・横畠内閣法制局長官答弁（2）】

私どもは、安全保障環境の変化、その他軍事的な問題等々についての専門家ではございません。あくまでも法制上の所管を持っているのみでございます。

その意味で、先ほどお答えしたような場合があるかないか、ということにつきまして、自ら政策的に判断するということがございませんで、そのような事実があり得るという説明を前提として、法的な論理について検討したということでございます。

福山議員と横畠長官のやりとりは、集団的自衛権をテーマにすると難しく感じるが、たとえて言うならこんなやりとりである。すなわち、従来、「人間には人権がある」という基準で人権を保障し、当然、老若男女を問わずすべての人間に人権を保障してきた。そんな中、政府はある日、「人間である雪男には人権がある」という閣議決定をした。法制局長官は、「新たに雪男へのあてはめをしたという意味では、解釈変更である」と答弁した。そこで福山議員は、「お前は人間と同じ雪男を見たことがあるのか？」と聞いた。長官は、「見たことはないが、見たと言う人がいるので、いるなら理論的には人権はある」と言った。

こう考えてみると、横畠長官の言っていることは、あまりに形式的だが理論的には正しい、と評価せざるを得ないだろう。

## 8 「存立を全う」の意味

となると、重要なのは、自衛権の個別・集団の区分以前に、政府解釈が基準とする「自国の存立を全う」という要件の意味である。

実は、この要件は、法的には極めて重たい意味を持っている。現代社会において、国家とは領域主権国家を言う。つまり、国家は主権（＝その領域内での最高にして対外的に独立した権力）により存立する団体である。したがって、「自国の存立を全う」できなくする事態とは、日本の主権が侵害された事態を言うと理解せねばならない。

従来から個別的自衛権の行使は許されるとされてきた「我が国に対する武力攻撃」は、日本の主権を制圧する軍事作用であり、主権侵害の最たるものであるから、当然、「自国の存立を全う」できなくなる事態に含まれるだろう。では、それ以外で「自国の存立を全う」できなくなる場合とは、具体的にはどのような場合なのだろうか。

日本の主権は外国領域には及ばないから、単に外国への武力攻撃があったというだけでは、日本の主権侵害にはならない。もし、今回の要件に当てはまる場合があり得るとすれば、外国と日本が同時に武力攻撃を受けている場合ぐらいしかないだろう。例えば、在日米軍基地が攻撃されたとしたら、「米軍基地」への攻撃というの意味ではアメリカへの攻撃であり、同時に、

「日本領土」への攻撃という意味では日本への武力攻撃とも言える。あるいは、日本が武力攻撃を受け、それへの反撃として共同作戦をとっている米艦への攻撃を排除する活動も、これに該当するだろう。

そして、こうした日本と外国が同時に攻撃を受ける場合の反撃は、国際法上、個別・集団どちらの自衛権でも正当化できる。法学専門用語では、ある行為に対し複数の権利を行使できる場合を、「権利の競合」と言うが、今回の閣議決定が想定する場面は、個別・集団の自衛権が競合する場面なのである。したがって、これを「国際法上は、集団的自衛権が根拠」だと言っても問題ないが、個別的自衛権の行使だとも説明できる。

要するに、今回の閣議決定は、〈個別的自衛権の行使として正当化できる場合にのみ、集団的自衛権の行使を認めた〉ものであり、個別的自衛権のみが行使できるという従来の見解と整合していると言えば整合している。

## 9 石油高騰と日米関係の揺らぎ？

こう考えると、実は、今回の閣議決定は、一般に報道されるものとは大分違ったものであることが分かる。文言上は従来の枠に収まっているのだから、「あてはめ」の変更ではあったとしても、法解釈の変更ではないし、何か新しいことができるようになったわけでもない。

しかし、こう言われて納得する人は少ないだろう。というのも、内閣のメンバーが、この閣議決定により、かなり広い範囲で武力行使が容認されるようになった、と主張しているからである。まず、安倍首相は、7月14日の審議で、今回の閣議決定を前提にすると、ホルムズ海峡封鎖の場合には、世界全体がエネルギー危機になるから武力行使ができると主張した。これに対し、岡田克也議員（民主党）が、日本の自衛のためでないと武力行使はできないはずだ、と指摘すると、首相は次のように答弁した。

【7月14日・衆議院予算委員会・安倍首相の答弁】

……世界のそうしたエネルギー状況に影響があるからやるということではなくて、影響があるということはひいては日本に大きな影響があると。つまり世界のエネルギー需給状況に影響がありますから、高騰しますから。このホルムズ海峡を通るもの以外の供給を得ようとしても、それは当然ご理解いただけるんだろうなと思って、話していたわけでありますす。どれぐらい影響があるかどうかということを、すいませんちょっと真剣に話しているんだから聞いてくださいよ。そこでつまりこの状況というのは経済的な問題として大きな打撃があるというのは、かつて石油ショックを経験したわけでありますが、あれを上回るショックになる可能性は当然あるわけでございます。

また、同盟国との関係に影響力を及ぼす事態は閣議決定の要件に当てはまるのか、との岡田議員の質問に対して、岸田外務大臣はこう答える。

【7月14日・衆議院予算委員会・岸田外務大臣の答弁】

日米同盟に基づく米国の存在、活動はわが国の平和、そして安定を維持する上で死活的に重要であるということを前提にした場合に、米軍に対する武力攻撃、これは、それ以外の国に対する武力攻撃に比較しても、この新3原則に当てはまる可能性は高いと考えねばならないと思っております。

要するに、「石油価格の高騰」や「アメリカに不快感を持たれる」といった程度の不利益があれば武力行使ができる、と政府が答弁しているわけである。これでは武力行使に歯止めがかからないだろう。こうした閣僚答弁を重視して、「だから7・1閣議決定はダメだ」と批判するのも、一つの道である。

しかし、先に見た法技術的分析からすれば、これらの答弁は、そもそも閣議決定の理解を誤っている。石油価格の高騰や日米関係の「揺らぎ」といったものは、日本にとっての不利益ではあっても主権侵害ではないのであり、法的に見れば「存立を全う」という要件にあてはまらない。首相や外相は、「存立を全う」という要件の理解を誤り、自分たちで決めた閣議決定の枠を逸脱した答弁をしてしまったのである。とすれば、首相や外相に投げかけるべきは、「今回の閣議決定は立憲主義の破壊だ」という大げさな批判ではなく、「自分たちで決めた閣議決定をちゃんと遵守しろ」の一言ではないだろうか。

また、安倍首相も岸田外相も、〈あくまで閣議決定の要件を充たせば〉という留保は付けている点に注目するならば、彼らも、「石油価格の高騰や日米関係の揺らぎの結果、主権侵害に至るのであれば、自衛権の行使が可能である」と答弁していることになる。そんなことが現実的にあるのかどうかはともかく、言葉の上では、集団的自衛権の行使は個別的自衛権の行使としても説明できる場合に限られている、と言っているとの理解も法的には可能である。

## おわりに

7・1閣議決定のテキストを、法技術の視点から分析すると、以上のようになる。

このように考えると、集団的自衛権の行使容認に強く反対していた公明党が閣議決定に同意した理由も良く分かる。公明党の山口代表は、7・1閣議決定の内容について「個別的自衛権に毛が生えたもの」だと言うが（「週刊朝日」2014年7月25日号）、個別的自衛権として行使可能な武力行使のうち、それを集団的自衛権として説明できる場合にはそうしても良いという程度の「毛が生えた」ということである。要するに、今回の閣議決定は、これまで認められていなかった集団的自衛権の行使を認めたものではない。

もちろん、今回の閣議決定は、個別的自衛権では説明できない武力行使を正当化するものだ、と解釈する人もいるかもしれない。ただ、一般に、法律や閣議決定について違憲な行為を根拠づける解釈と、そうでない解釈が可能な場合には、後者を採用しなければならない。これを憲法適合解釈の原則という。先に論じたように、日本国憲法下では個別的自衛権で説明できない武力行使は違憲なのだから、憲法適合解釈の原則を前提とする限り、今回の閣議決定は、本稿に示した解釈以外の解釈をすることはできない。

もっとも、「これで集団的自衛権の議論はおしまい。従来と何も変わりません」と安心してしまっていいかというとそうではない。むしろ、ここからが日本が立憲主義という技術を使いこなせるかどうかの、本当の勝負どころである。今、国民が興味を失えば、立憲主義という技術が日本で失われ、集団的自衛権はなし崩し的に全面解禁されてしまうだろう。

これから何が重要になるかと言えば、国民の間で、7・1閣議決定の本当の意味を理解することだ。国民の間で理解が進めば、大手メディアもそれを報道せざるを得なくなる。そうなれば政治家だって国民の意思を無視できないだろう。政権に閣議決定の法的意義をきちんと理解させ、従来からの政府解釈の枠を逸脱しないように監視するのは、ほかでもない国民の役目である。

今回の閣議決定は、安全保障関係の法案作成の指針を示すためのものであり、閣議決定だけで直ちに集団的自衛権が行使できるわけではない。今後、閣議決定を実現するための法整備や予算の拡充が着々と進められることとなるだろう。議論の場は、政権内部から国会に移されるのだ。そういう意味では、閣議決定を巡る戦いは、1対1の引き分けの延長戦で、本当の闘いは、これからである。

閣議決定を行使容認派の勝利宣言と看做して大はしゃぎする報道や、この世の終わりの暗黒文書として日本は戦争の時代に向かうと予言する報道に触れても、決してパニクってはいけない。国民が自ら法技術を理解し、冷静な技術者の視点から政権の法解釈を監視して行くことが、一番大事である。

2014年9月

# 憲法を燃やす者たちは、いずれ国をも燃やすだろう

聖凛女子学院では、生徒たちに毎週小論文を書かせて論理力を養っている。祈りは静かに、理想は遥かに、思考は自由に、というのが創立以来の教育方針らしい。

新城カズマ『サマー／タイム／トラベラー（1）』ハヤカワ文庫、2005年、259-260頁

「atプラス」21号では、「憲法の条件」と題する特集が組まれ、多様な角度から憲法が検討された。特集の狙いは、安倍政権による解釈改憲の動きを受け、「憲法が『改憲』どころか『破壊』されようとしている状況」の中、「憲法が機能する前提条件を探」ることにある（編集後記より）。執筆者の専門領域は、政治学、社会学、哲学、憲法学と多岐にわたり、大御所から注目の若手まで世代も様々である。

本稿は特集の構成に沿って、大竹弘二・橋爪大三郎両氏の論稿を手掛かりに「そもそも憲法とは何か、それに何が必要か」という基礎理論を押さえ、それに続けて、小林節・國分功一

郎・白井聡三氏の座談会の含意を探っていくことにしたい。なお、以下、「atプラス」21号の引用は（）内にページ数を示す。

このところの政治は、侵略の正当性を喧しく宣伝する道具として靖国神社を使い、「アメリカに見捨てられないこと」を究極の理想と掲げる思考に流されつつある。しかし、日本国憲法が掲げる理想は、もっと遥かなものである。フランス人権宣言やアメリカ合衆国憲法など他の諸国の憲法と同じく、普遍的な理想を示している。それを実現するためには、軽やかで自由な思考が必要である。そして、自由な思考のためには、何よりもしっかりとした基礎が必要だ。どんなスポーツでも、本気で楽しむには基礎技術が必要なのと同じである。本誌21号の特集は、そうした思考のための格好の素材である。

というわけで、憲法の概念を整理するところから始めよう。

## 1　なぜ〈国家〉というゲームをやるのか？

なぜ、人は将棋をやるのか。その答えは簡単だ。そう、食事より、時間より、自分の命より、あるいは、金銀、王将よりも、何よりも飛車が大事だからだ。[*1]
冨永健一『将棋エッセイ集1　ヘボ将棋、王より飛車を可愛がり』漏電出版、151頁憲法とは、〈国家〉というゲームのルールである。ゲームという言葉でピンとこないなら、〈憲法とは、国家という団体の規約である〉、と言い換えてもいい。では、国家とは、どのようなゲームなのか。

国家というゲームには、〈政府〉と〈国民〉というプレイヤーがいる。そして、〈政府〉の側には、〈国民〉の意思を一方的に制圧できる〈権力〉カードが配られている。〈権力〉カードなんてほとんど反則技だ。国民の負けは、ゲーム開始前から決まっているようなものではないか。なぜ、そんな不公平なゲームをするのだろうか。

橋爪氏の論稿は、この点を至ってシンプルに解説する。つまり、国家というゲームの目的は、プレイヤーが楽しむことではなく、「人民の生命と安全を守」ることである（41頁）。政府に大きな権力を与えなければ、犯罪を抑止したり、外国からの侵略を防いだりすることはできない。これを可能にするには、リヴァイアサンが必要なのだ。リヴァイアサンをうまくコントロールできれば、強制的に徴収した税金で、社会保障を行ったり、インフラを整備したりといった快適なサービスも提供できることだろう。つまり、圧倒的な権力があるからこそ、公共の利益を実現できるのだ。

こういわれると、国家というゲームは一見ひどいゲームではあるのだが、われわれの社会に

＊1——なお、以下引用する漏電出版の出版物および防衛省パンフレットは、架空の書物である。

秩序を生み出し、公共の利益を実現するためには、絶対に必要なゲームだ、ということがわかるだろう。

さて、そうなると、次の点が気になる。国家というゲームを始めるには、どうすればよいのか。

## 2　どうやって〈国家〉を始めるのか？

「なんで、私がアンタと結婚しなきゃいけないわけ？」
「なぜかって？『君は僕の妻だ』というのが、僕が決めた僕の家族のルールだからだよ」
吉田嗣人『不完全性プロポーズ』漏電出版、34頁

一見すると、この問題の答えは簡単なように思える。というのも、憲法には、どうやって国家というゲームを始めたかが書いてあるからである。例えば、君主主権の憲法では、君主がゲームを始めると決めたとき、国民主権の憲法では、国民が国家を樹立したときが、国家というゲームの始まるときだとされる。

しかし、話はそう簡単ではない。〈君主〉が〈君主〉でいられるのは、国家というゲームの中だけの話である。ゲームを始める前の段階には、〈君主〉はいない。そうすると、そもそも、

ゲームを始めると決める君主は存在しない。国民主権の場合も、話は全く変わらない。そもそも、〈国民〉とは誰なのか、どの範囲のことを言うのか。例えば、「日本国民は北海道と青森と岩手と……と沖縄に住む人々を言う」というような国民の定義は、国家というゲームのルールの一部である。そうすると、ゲームが始まる前の段階では、国民の定義がない。とすれば、〈日本国民〉の投票でゲームを始めるかどうか決めようとしても、そもそも、ゲームが始まっていないので、〈日本国民〉を定義できず、当然、投票もできない。

そうすると、憲法の定める手続きによって、国家というゲームが始まるわけではない。では、どうやってゲームを始めるのか。

この点についても、橋爪氏の議論は明快である。「もしも憲法を（最初に）制定する手続きがあったとすれば、それは、憲法に従った手続きであることができない」。ゲームを開始させるのは、「いまから国家というゲームが始まります」と多くの人に認識させるような「出来事」、例えば、フランス革命やアメリカ独立革命である（41頁）。この議論は、憲法学では「根本規範論」と呼ばれるものである。[*2]

そして、橋爪氏は、さらに進んで、この「出来事」を引き起こす力のことを、「憲法制定権力」と呼び、この権力は「憲法に先行する根源的な権力」であり、それを担うのは「われわれ人民」だと考えるべきだ、と結論される。この議論も、とても明快でわかりやすい（41頁）。

しかし、疑問もある。どのような事実が、国家というゲームを開始する「出来事」になるかは、予め定めようがない。アメリカ独立革命にしろ、フランス革命にせよ、「この手続きを踏めば、革命が成立する」というルールを前提に行われたわけではない。やってみたら、結果として、新しい国家のゲームが始まったというのが正しい理解だろう。そうすると、「われわれ人民」が「憲法制定権力」を持つ、と予め決めておいても、実際には、「われわれ人民」でない人たちが、新しい国家を樹立する「出来事」を起こしてしまう可能性はある。例えば、〈フランス人〉ではなく、〈欧州人〉がフランスを含む欧州国を樹立してしまうかもしれない。ということは、「われわれ人民」だけが憲法を制定する力を持っているわけではない。また逆に、「われわれ人民」が奮起すれば必ず新国家を樹立できるというわけでもない。

そういうことなら、憲法を制定するのは、憲法の外で起こる「出来事」だと理解しておけば十分ではないか。「出来事」を「憲法制定権力」と呼んで人格化しておくのは、無用の混乱を招くだけである。近時の憲法学界では、そんな議論が展開されている。*3

## 3 一度始めた〈国家〉を休むことはできるのか？

「もちろん、お出しするときには、課長のカップに麺つゆを注いでしまったことに気付いていました。ただ、注いだ麺つゆが無駄になるのも忍びなかったもので……」

三輪美和『天空のサラリーマン』漏電出版、252頁さて、始め方がわかると、次に気になるのが、休み方・止め方である。ゲームをやっていると、しばしば、「ちょっと休みたい、もう止めたい」と思うことがある。そういう場合、どうするか。チェスをやっていて疲れたなら、盤面をそのままにして、休憩後に再開してもよい。サッカーをやっていて、片方のチームが7点もリードしたら、続けても空しいだけなので、そこで試合を止めてもよい。一般に、ゲームは楽しむためにやるのだから、楽しめない状態になったら休憩したり止めたりすればよいのである。

では、国家というゲームの場合はどうか。国家は、人々の生命や安全を守るためのゲームなのだから、完全に止めてしまうことはできない。とはいえ、国家というゲームを続けると、却って、ゲームの目的つまり、公共の利益の実現ができない場合もある。そういうときには、一旦、ゲームを休んで、別のゲームをやったほうがよいだろう。橋爪氏は、国家というゲーム

＊2——根本規範論とは、憲法が妥当するのは、憲法自身が「私に従え」（「この憲法は最高法規だ」とか、「主権者国民の手によりこの憲法が制定された」）と定めているからではなく、〈この憲法に従え〉という（極めて形式的でほとんど内容のない）規範が共有される歴史的な出来事があったからだ、という趣旨の議論である。Kelsenは、「この憲法に従え」という我々の思惟の上で前提とされた規範のことを、「根本規範」と呼び、憲法の妥当性に関する議論を体系化した。最新の邦訳として、ハンス・ケルゼン『純粋法学　第二版』長尾龍一訳、岩波書店、２０１４年、特に第５章参照。

＊3——長谷部恭男「憲法制定権力の消去可能性について」同編『岩波講座憲法6　憲法と時間』岩波書店、２００７年。

を休止して、別のゲームをする力のことを、国家緊急権と呼び、「国家緊急権も、日本国にそなわっている」という（45頁）。これが、橋爪論文のメインテーマである。

国家緊急権については、それを認めるべきかどうかという論点と、認めるとして、その行使にどんな条件をつけるか、という論点がある。このうち、前者の論点は、ほぼ議論の余地はない。国家緊急権とは、〈憲法違反が正当と評価される場合に、その憲法違反を正当化する権利〉である。正当なものを正当化する権利なのだから、これを不当とするのは背理だろう。ただし、これは単なるトートロジーであり、〈国家緊急権を認めるべきだ〉という議論は、結局のところ、〈正当なものを正当化する権利は正当だ〉というあまり意味のない議論にすぎない。

というわけで、重要なのは、国家緊急権の行使条件、つまり、〈どのような場合に、憲法違反が正当化されるか〉という論点である。この点は、法学の世界でもしばしば議論される。

有名なのは、拷問の事例である。拷問は、古くから冤罪の温床であり、例えば、中世の魔女裁判では、拷問制度のせいで大勢の無辜の人々が惨殺された。[*4] 様々な苦しい経験を経て、現在では、世界各国の憲法で、拷問が禁止されている。日本国憲法も、36条が拷問の禁止を定め、これは例外を許さない絶対禁止とされている。しかし、である。例えば、こんな事例はどうだろう。病気の子どもを誘拐した犯人が捕まった。往生際の悪い犯人は、被害者がどこに居るのか話そうとしない。24時間以内に薬を注射しないと、その子は死んでしまう。このとき、犯人を拷問することは、正当化されるだろうか。もし、正当化されるなら、警察は国家緊急権を行使して、拷問できることになる。[*5]

このような問題の結論を導くには、いろいろ考えなくてはならないことがある。そもそも、拷問以外に子どもを見つける手段はないのか、その犯人は本当に犯人なのか、拷問を禁止しなければならない理由は何か、ここで拷問を認めたらズルズルと拷問が拡大してしまわないか、といった事柄である。こうした細かい検証をしないと、ある行為が国家緊急権の行為として正当化されるかどうかは判断できない。

こうした考慮から、橋爪氏は、憲法違反の行為があったとき、それを細かく検証する手続きが重要だと強調する。国会は国政調査権を行使して政治責任を追及し、詳細な報告書を作成すべきだろう。また、裁判所は、職権濫用罪などで関係者が起訴された場合、政治的圧力に屈することなく厳正に審理する必要がある。単に、〈国家緊急権を認めるべきだ〉とトートロジカルな議論をするのではなく、その後の検証手続きの重要性を強調するのが、橋爪氏の卓見である。

もっとも、付け加えたい点もある。日本のような議院内閣制の下では、政府のトップは、議会多数派の支持を受けている。そうすると、議会多数派が、政府の憲法違反の責任を厳しく追及しない可能性も高い。国家緊急権の濫用を抑止するには、議会少数派や国民のイニシアチブ

＊4――イングランドでは、魔女裁判の犠牲者が比較的少なかったとされるが、これは拷問が禁止されていたためだという。

＊5――細かく言うと、国家緊急権というより、特別公務員暴行陵虐罪（刑法195条）について正当防衛（刑法36条）が成立して、違法性が阻却される。

で、政府の憲法違反の責任を追及する制度を作っておく必要があるだろう。

## 4 なぜ立憲主義が必要なのか？

「すべての人には人権があるんだ。だから、人権を与えれば、そのカクテルも、人間になれるはずだよ！」

吉田嗣人『不完全性プロポーズ』漏電出版、37頁

橋爪論文を読むと、憲法や国家が何のためにあって、どうやって成立するのか、ということがわかってくる。そして、憲法や国家のことがわかってくると、次に気になるのは、どういう憲法がよい憲法なのか、という点だろう。

大竹氏の論文は、まさにこの点を扱う。一口に国家といっても、いろいろな種類がある。独裁国家、帝国、民主国家、人権を大事にする国家、特定の宗教を国教とする神権国家などなど。これは、一口にフットボールといってもサッカーとラグビーとアメフトがあり、また、チェスといっても、西洋チェスや中国チェス（象棋）、日本チェス（将棋）があるのと同様で、ゲームにはバリエーションがある。

フットボールやチェスは楽しむためのゲームなので、そのとき、やりたいものを選べばよい。

しかし、国家というゲームには、「人民の生命と安全を守」り、公共の利益を実現するという目的がある。その実現には、〈政府には権力がある〉というルールだけでなく、権力が目的に従って行使されるように、様々なルールを盛り込んでおかなければならない。

特に重要なのは、政府の権力濫用の防止である。権力が、本来の目的以外の目的で行使される事態を、〈権力の濫用〉という。そして、その最たるものは、権力による人権侵害だろう。そもそも、政府の権力は「人々の生命と安全を守」るために与えられているのであり、その権力で人権を侵害し、個々人の生命や安全を奪ってはならないのは当然である。このため、憲法には、人権保障を盛り込まなくてはならない。こうした考え方を立憲主義という。大竹氏も、「立憲主義の核心は個人の普遍的な人権の擁護にある」として、憲法には、「すべての個人に備わる基本的人権という思想が表現されていない」といけないとする（35頁）。

もちろん、どのような権利が「基本的人権」なのかについては、いろいろと議論がある。また、近年の憲法学では、憲法に明文で列挙された「憲法上の権利」と、思想的・哲学的文脈で主張される「人権」を区別する傾向にある。このような区別をするのは、表現の自由、裁判を受ける権利、参政権など、それぞれの権利によって保障すべき理由は異なるにもかかわらず、それを一括りにして、人が人であるという理由で保障されるべき権利だと説明するのはおおざっぱすぎて不適切だ、という理由である。[*6] とはいえ、政府の権力濫用を防止するために、憲法上の権利が保障されなければならない、との指摘は、極めて正当だろう。

## 5

# 何のための民主主義か？

「はーい、いまでも、ネス湖に恐竜が暮らしていると思う人は手を挙げてー」

三輪美和『確率的に存在するスクール』漏電出版、99頁

大竹氏は、立憲主義の重要性を確認した上で、立憲主義的な憲法による権力濫用の防止だけでは「『十分』ではないこともたしかである」と指摘して（36頁）、「民主主義」の検討に進む。そもそも、「民主主義」とは、何だろうか。橋爪氏は、これを「人民の生命と安全を守り、憲法の精神を貫く行為」だと定義している（41頁）。こう考えるなら、民主主義は立憲主義と同義だということになり、立憲主義だけでは不十分だという議論にはならない。

これに対し、大竹氏は、次のようにいう。民主主義は、「政治共同体のメンバーの同質性」を前提としている。メンバーの同質性は、「特定の共同体に固有の」「集団的アイデンティティ」を形成する。それは、「民族的あるいは国民的アイデンティティ」と呼ばれることもあるし、「市民の『徳』のような共同体倫理」と呼ぶこともできる。そして、民主主義とは、そのようにして形成された「反普遍主義的もしくは反個人主義的」な共同体内の価値を実現することだという（36－37頁）。

そうなると、民主主義は、立憲主義と緊張関係に立つ。いや、立憲主義との関係がどうのこうのという以前に、民主主義は、ある特殊な共同体の中でしか価値を持たない閉鎖的な原理だということになるだろう。他方、国家は、特定の価値を共有する人だけでなく、様々な考え方を持つ大勢の人が参加するゲームである。そのゲームを、特定の共同体でしか通用しない価値で動かしてはならない。そうすると、国家というゲームのルールに、特殊共同体論たる民主主義など盛り込まないということになるのではないか。

しかし、大竹氏は、こうした共同体倫理を無視して、立憲主義を実現しようとすれば、大変な事態が生じるという。どういうことか。

立憲主義は、普遍的な価値である。また、それゆえ外交的な価値でもあり、それを無視すれば「『中国以下』の国」との烙印を押される（36頁）。烙印を押されたくなければ、普遍的な価値の体系や外交上の考慮ができる専門家が、憲法を解釈し運用するかたちでしか立憲主義は実現できない。しかし、そうした「専門家による法解釈の独占」には「ルサンチマン」が生じる（38頁）。これが「場合によっては過激なポピュリズムのような歪んだかたちで噴出する」（40頁）。そうならないよう民主主義を「救い出す」必要があるのだ（40頁）。

もっとも、大竹氏の論文は、民主主義を「救い出す」作業が、具体的にどのような作業なの

＊6――人権と憲法上の権利の区別に関する先駆的業績として、奥平康弘「〝ヒューマン・ライツ考〟」『和田英夫教授古稀記念論集　戦後憲法学の展開』日本評論社、1988年。

かを説明していない。どうすればよいかを考えるのは、読者の課題である。では、どう考えるべきか。

そもそも、〈自分たちで決めた〉とか、〈俺が決めた〉といった事実そのものは、その決定の正しさを担保するわけではない。したがって、民主主義の本質が、特定共同体内の閉じられた倫理にあるのだとすれば、民主主義は、立憲主義などの普遍的価値に劣位し、制限されるべきものだ、という結論しか出てこない。実際、大竹氏も、「民主主義的な仕方で物事が決められたとしても、それが個々人の自由を抑圧するような結果になってはいけない」として（38頁）、「個人の自由」が民主主義に優位し、民主主義的な決定を制限することを認めなければならないとする。

しかし、こうした態度は、文化祭の出し物をクラスの多数決で決めたのに、学級委員が突然、「こっちのほうがみんなのためになるから」と全く違う出し物に決めてしまうようなものである。こうなっては、クラスメイトからの反発は必至だ。独善的なエリート主義を排するためには、「民主主義」に普遍的な価値があることを論証し、共同体内倫理から民主主義を切り離すしかないだろう。学級委員の判断よりも、クラスみんなの多数決のほうが、みんなのためになる決定ができるということ、クラスの多数決は単なる内輪の自己満足ではないということを証明しなければならない。

一つの説明の仕方は、民主主義は、〈自分たちで決めたから〉正しいのではなく、何が公共の利益になるかという問題について、より正解を発見しやすい手段だから尊重すべきだ、というものである。

実は、〈正解を発見する手段として、民主主義は優秀だ〉という議論は、相当に説得力がある。例えば、○×クイズでも、多数決の結果が正しいことは多い。政治の文脈で考えても、民主主義的な決定は、独裁的な決定よりも優れたものになりやすい。もちろん、民主主義が誤りやすい問題も多いが、それについては、憲法上の権利の問題として少数者の異議申し立てを認めればよい。[*7]

というわけで、「民主主義」は、その概念を特殊な共同体内の倫理から切断することによってこそ、「救い出」されるのではないか。「民主主義」は、単なる自己満足や数の暴力ではない。レイシスト集団内部で「民主的」に決定した差別運動や、ＰＴＡが内部の「民主主義」によって決定したボランティアの強制[*8]を正当化する概念では断じてないのである。

＊7――木村草太『憲法の創造力』ＮＨＫ出版新書、２０１３年、第2章参照。
＊8――強制加入制を敷く違法ＰＴＡの問題については、川端裕人×木村草太「入会なんて聞いてない――父親たちの語るＰＴＡ」（前篇 http://synodos.jp/society/5096、後篇 http://synodos.jp/society/7755 参照）。

## 6

# 解釈改憲とは何か？

「監督！　このシーンは真夜中のはずですよね？」
「大丈夫。『背景に太陽が昇っていますが、いまは夜です』ってナレーションが入るから」
フィッシュ&チップスブラザーズ（桃木桃太郎訳）『われらの映画』漏電出版、22頁

このように、橋爪氏と大竹氏の論稿を読めば、憲法とは何か、憲法にはどんな原理が盛り込まれなければならないか、ということがわかってくる。そして、特集は、小林節、國分功一郎、白井聡の三氏による座談会に突入する。座談会では、安倍政権による憲法解釈の問題が扱われる。

まず、いま問題となっている解釈改憲とは何か、ということを整理しよう。

憲法とは、国家というゲームのルールである。他のゲームの場合もそうだが、プレイヤーの間でルールの理解がズレるとゲームができない。そういうわけで、ゲームをやるときには、ルールを文章で表現したルールブックを用意するのが有益である。国家というゲームのルールブックは、憲法典と呼ばれる。アメリカの場合には「合衆国憲法」、日本の場合には「日本国憲法」が、憲法典である。

憲法典は、プレイヤーの間でルールの理解がズレないように作っておくものである。なので、できるだけ明確に、細かく規定することが求められる。とはいえ、予め文章で表現できることには限界がある。例えば、日本国憲法70条は、「内閣総理大臣が欠けたとき（…）は、内閣は、総辞職をしなければならない」と規定している。内閣総理大臣がいないと内閣の意思が統一できなくなってしまうので、総辞職せよというわけである。首相が突然病死してしまったり、事故で意識を失ってしまったりした場合に、70条が適用されるのは明らかであろう。では、首相が重度のうつ病にかかってしまった状態は、「欠けたとき」に該当するだろうか。うつ病は、死亡や意識不明の事態とは違うような気もするし、十分な執務が期待できないという点では同じだと言えそうでもある。このような場合に、条文の意味を確定する作業が、法解釈という作業である。

この法解釈という作業には、幾つか守らなければならないルールがある。なぜなら、憲法典を定める目的は、ルールのズレをなくすことにあるのだから、多くの人が理解できる解釈でなければならないからである。となると、当然、解釈には限界がある。まず、日本語として自然な範囲に収めなければならない。例えば、〈憲法上の「国選弁護人」という言葉は、水色の傘という意味だ〉という意味不明な解釈をしてはいけない。ほかにも、広く支持される学説や判例と矛盾しない解釈であること、憲法が実現しようとしている価値をよりよく実現できる解釈であること、などなど、それなりのしきたりがある。だから、上手な法解釈をするためには、一定の知識と訓練が必要であり、そのために法学教育がある。

そして、法解釈をするときに、特に重要なしきたりが「体系性」である。憲法典の条文は、バラバラに存在するのではなく、全体で一つの体系を作っている。このため、問題の条文だけを見るのではなく、憲法全体を見渡して矛盾がないように解釈をしなければならない。体系性のない解釈は、憲法典の意味を不明確なものにしてしまい、人々の憲法理解のズレを生じさせてしまう。

このように、法解釈をするときには、守らなければならないしきたりがいろいろある。[*9] もちろん、こうしたしきたりを守った上で、憲法の解釈が変わることはある。[*10] こうした場合には、「解釈の変更」と呼ばれることになる。これに対し、こうしたしきたりを破った解釈は、法解釈だとは認められない。法解釈と認められない解釈は、〈解釈の限界を超えている〉と言われる。例えば、〈日本国憲法9条は、政府に侵略戦争を積極的に行うよう義務付けた規定だ〉との〈解釈〉は、〈解釈の限界を超えている〉。

解釈改憲とは、政府が〈解釈の限界を超えた〉解釈によって行動してしまう事態である。憲法解釈の限界を超えているわけだから、その行動は違憲だ。違憲な行動を合憲だと言い張るわけだから、それは、改憲手続きを経ずに改憲してしまうのと同じだろう。例えば、日本国憲法の下では、衆議院の議決なしに法律は作れない。にもかかわらず内閣が、〈参議院の議決だけで法律は成立する〉と解釈して、衆議院の議決のない〈法律〉を運用し始めてしまう事態などが、典型的な解釈改憲である。

## 7 いま何が起きているのか?

「この空爆は、軍事活動ではありません。一般的な行政事務です。」

防衛省パンフレット『自衛隊モルドール空爆に関するQ&A』(2020年7月発行)より

では、日本国憲法下で、日本国が集団的自衛権を行使できる、という解釈は、解釈の限界の中にあるだろうか。答えは、否だろう。

*9——法解釈のしきたりについては、団藤重光『法学の基礎〔増補版〕』有斐閣、1996年、第3章第2節参照。

*10——例えば、2014年2月12日の衆議院予算委員会にて、横畠裕介内閣法制局長官事務代理(現、法制局長官)は、「憲法を始めとする法令の解釈は、当該法令の規定の文言、趣旨等に即しつつ、立案者の意図や立案の背景となる社会情勢等を考慮し、また、議論の積み重ねのあるものについては全体の整合性を保つことにも留意して論理的に確定されるべきものであり、政府による憲法の解釈は、このような考え方に基づき、それぞれ論理的な追求の結果として示されてきたものであって、諸情勢の変化とそれから生ずる新たな要請を考慮すべきことは当然であるとしても、なお、前記のような考え方を離れて政府が自由に憲法の解釈を変更することができるという性質のものではないと考えている」、「このようなことを前提に検討を行った結果、従前の解釈を変更することが至当であるとの結論が得られた場合には、これを変更することがおよそ許されないというものではない」と答弁している。一般論としては、妥当な発言だろう。

日本国憲法9条は、戦争放棄と戦力不保持を規定しており、武力行使を一切禁じている。そうすると、武力行使を正当化するのであれば、九条の例外を許容する積極的な根拠条文を示す必要がある。そんなものはないとして、一切の武力行使は違憲であり、自衛隊も違憲だと主張する人も少なからずいる。

しかし、政府は従来より一貫して、日本国内の人々の生命や自由を守るために、日本への侵略を除去する行為（個別的自衛権の行使）については、国民の幸福追求権を保障した憲法13条などを根拠に、国内行政活動の一環として許容されると理解してきた。

これに対し、外国の自衛行為を援助するための武力行使（集団的自衛権の行使）については、それを根拠づける条文がない。また、そうした武力行使は「軍事」作用であり、国内での権力作用である「行政」や、外国の主権を尊重して行う「外交」とは、全く異質な作用である。そして、日本国憲法では、内閣の権限は「行政」や「外交」に限られ（同65条、73条参照）、「軍事」権限は規定されていないし、軍事活動を行うための手続き規定もないのである。

そうすると、日本政府が集団的自衛権を行使できるとの解釈は、体系的にありえない。それは、解釈の限界を超えている。もし、現行憲法のまま集団的自衛権を行使すれば、解釈改憲、すなわち違憲だと看做せざるを得ないだろう。したがって、7月1日の閣議決定が、集団的自衛権の行使を認めたものだとすれば、違憲無効である。

もっとも、閣議決定の内容自体は、世間一般に流布する印象と異なり、そこまでおかしなものではない。この閣議決定は、「我が国と密接な関係にある他国に対する武力攻撃が発生し、これにより我が国の存立が脅かされ、国民の生命、自由及び幸福追求の権利が根底から覆される明白な危険がある場合において、これを排除し、我が国の存立を全うし、国民を守るためにほかに適当な手段がないときに、必要最小限度の実力を行使すること」という条件を充たせば集団的自衛権を行使できるとする。しかし、この条件は、要するに、〈個別的自衛権の行使としても説明できるなら〉という意味である。閣議決定は、外国への攻撃が日本への攻撃でもある場合（例えば、在日米軍基地への武力攻撃の場合）には、個別的自衛権の行使として説明してもよいし、集団的自衛権の行使だと説明してもよいと述べているにすぎない。座談会の冒頭で、國分氏も、7月1日の閣議決定について、「あの内容で想定されている事態が本当に集団的自衛権の行使といえるのか疑問です」と述べている。

しかし、だからと言って安心できる状況ではない。7月半ばの閉会中審議で、安倍首相は、石油の値段が上がるのを防ぐために武力行使ができる、という趣旨の発言をした。安倍首相は、自分たちで決めた閣議決定の文意を正しく理解できていないようである。自分たちが書いた文章も理解できないのだから、憲法典の意味を理解できない可能性は高い。今後、自衛隊法などの関連法案の改正が予定されているが、そこで、閣議決定の枠をはみ出した日本国憲法に違反する法律が制定される危険は大きいと言わざるを得ないだろう。*11

そうした事態が起これば、まさに解釈改憲である。

## 8

# 解釈改憲の動きにどう対応するのか？

突然の幽霊の登場に、滝川君は「やっぱり、1995年の第九次正常化計画への怨念は、いまも滞留し停止したままなんだ」と、真っ青な顔で呟いた。しかし、幽霊は、「はじめましてー。私、奈良時代に平城京でエステ経営してたジョンです」と自己紹介した。

巻真紀『奈良ならヘイ状況』漏電出版、108頁

では、そのような解釈改憲の動きを止めるには、どうすればよいのか。座談会に参加した三氏は、当然のことながら、解釈改憲はあってはならない事態だとする。しかし、今回の動きに対する対応の仕方については、白井氏と國分・小林両氏の間にちょっとした距離があるように思われる。

白井氏は、「戦後日本の保守支配層とは、その初発において、アメリカが許してやった元ファシストたちであり、彼らはアメリカの国益に奉仕する限りにおいて、支配層にとどまることを許された」にすぎない存在であり、改憲・護憲の議論をする前提として、「永続敗戦レジームの支配勢力を一掃することこそ最初に着手すべき事業」だと主張する（57頁）。

他方、小林氏は、憲法を「神聖不可侵」と看做してきたことが改憲論混乱の原因だと指摘し

た上で（62頁）、憲法は、国家を合理的に運用するための道具であることを前提に、「安倍さんは『嘘も百遍いえば真実』だと思っています。しかし、こちらが真理を一〇遍いえば勝ちます。しつこくやっていくしかありません」と述べる（66頁）。國分氏の構想もこれに近い。今回の動きは「エリート主義的なものに対するある種の『民主主義的』な反発」が背景にあるのであって、「多くの人が彼らをバカにしたくなるのもよくわかる」が、「そこはおさえて、原理原則をはっきりと述べていくしかない」というのが國分氏の結論である（66頁）。

白井氏と小林・國分両氏は、何が違うのか。白井氏は、解釈改憲を進める勢力は、政治の世界から一掃すべきだとして、その主体性を否定する。これに対し、小林・國分両氏は、「真理」と「原理原則」を粘り強く主張し、彼らに理解してもらうよりほかないとする。安倍政権やその支持者にも主体性を認め、彼らを説得しようとするわけである。

白井氏の言わんとするところもわからなくはない。もはや、いくら説得しようにも、あの保守支配層は聞く耳など持ちようがない、との諦めであろう。しかし、排除の論理は、民主主義の論理ではない。大竹氏は、「より多くの排除されていた人々を政治共同体に包摂していくような民主主義」を前進させるべきだとする（40頁）。また、橋爪氏は、政治的リーダーは、「緊急時に独裁的な権力を手にする」こともある人々であり、私たちは「それだけの能力があるか

*11――7月1日の閣議決定とそれをめぐる憲法問題については、本書収録「集団的自衛権に関する7・1閣議決定とは何だったのか？」にて網羅的な検討を行った。

どうかを見極めて、投票しなければならない」とする。そして、そうすれば、「政治家の顔ぶれや資質も、だんだん変化していくはずだ」という（48頁）。

解釈改憲の動きを止めるには、結局のところ、安倍政権やその支持者の人も含めて、多くの国民に、憲法が何のために必要なのかを理解してもらい、〈集団的自衛権の行使は違憲である〉ということを認識してもらう以外に道はないだろう。

そして、先ほど見たように、それにまつわる解釈論は、それほど複雑ではない。憲法学者が明快な説明を発信し、各種メディアやオピニオンリーダーがそれを伝えてゆけば、国民も、集団的自衛権が行使できないことを十分に理解できるだろう。その上で、憲法を改正するのか、しないのか、議論をすればよい。西村裕一准教授によれば、私の憲法学の核心は、「万人が普遍的な『理性』を有していることへの信頼」だという。[*12] こうした態度を「現実を知らない空論」と感じる人もいるだろう。しかしながら、理想を「空論」に終わらせるのではなく、これを実現するだけの確固とした自由な思考が必要とされているのである。そのような信頼がないところでは、民主国家は成り立たない。

## 9 おわりに

ベンヤミンは燃やされた。ナボコフも。カフカも。「ドイツ精神を汚染する」というお題目のもとに。すべてが邪悪な焚火の餌となり、翌朝には灰となった。

新城カズマ「書物を燃やす者たちは、いずれ人をも燃やすだろう」『ダ・ヴィンチ』２０１４年10月号、メディアファクトリー、１２８頁

以上が、本誌21号の特集の内容とそれについての検討結果である。ここまでの議論はいたってシンプルで、国家とは「人民の生命と安全を守」るためのゲームであり（橋爪氏）、そのルールである憲法には「立憲主義」や「民主主義」の原理が盛り込まれねばならない（大竹氏）。憲法がその機能を果たすためには、解釈は解釈の限界の中で行われるべきである。解釈改憲の動きには、しつこく真理と原理原則を主張し、それが解釈の限界を超えていることを理解してもらうよりほかない（座談会）。

ところで、こうした議論を読んでいて、次のような疑問を呈する余地がある。つまり、国家には「人民の生命と安全を守」るという目的があるのだから、その目的のために有効なら、どんどん解釈改憲していったほうがよいのではないか、という疑問である。

しかし、解釈改憲は、やはりマズい。なぜか。その理由は、「ａｔプラス」21号の大澤真幸氏が明快に解説している。

＊12――木村草太／西村裕一『憲法学再入門』有斐閣、２０１４年、１０９頁。

大澤氏は、「法の支配のポイントは、どんなに権力がある者も、またどれほど経済力がある者も、つまり社会の階層構造の頂点にいようとも、法の支配に服さなくてはならない、ということだ」と指摘し、これが欠けると「まともな民主主義国でない」ことになってしまうと言う。法の支配が欠けた国では、権力が、公共の利益や国民の自由や安全のためではなく、権力者の私益のために濫用される。その上、国際社会でまともな国家だと扱ってもらえなくなる。大澤氏は「親米派」に対し、法の支配の確立を含めた「民主化のレベルは、アメリカに中国よりも日本が好かれる理由となる、ほとんど唯一の『長所』であ」り、それを放棄することは、「日米関係の観点からしてもまことに浅慮の産物というほかない」と警告する。

つまり、こういうことである。〈集団的自衛権行使容認のための解釈改憲〉を認めることは、単に、〈集団的自衛権は行使できない〉とのルールを変えるだけではない。〈政府は、ゲームのルールを変更してはならない〉というルールをも変更してしまうのである。後者の〈ルール変更のルール〉が破壊されれば、政府の判断で、立憲主義を破壊し、民主主義を制限しても何ら問題がないことになってしまう。[*13]

これは、一見、「国家緊急権」の行使という事態に似ている。しかし、橋爪氏は、国家緊急権を行使して、違憲な行為を行った政治的リーダーは、憲法の定める厳格な手続きで政治責任と刑事責任が追及されねばならないことを強調していた（48頁）。ところが、責任追及のための憲法そのものが破壊されるならば、解釈改憲の後には、責任の追及はありえない。このように、解釈改憲は、国家緊急権の行使とは異なり、正当化しがたい事態なのである。
だとすれば、解釈改憲の動きが進むいまの状況は、「土俵として是としているものが否定されようとしている」状況であり（小林氏・56頁）、改憲／護憲、集団的自衛権行使容認に賛成／反対といった「細かい立場の違いについてゴチャゴチャいっている場合ではない」（白井氏・56頁）という指摘も納得だろう。憲法を無視することは、国家というゲームの目的を無視し、国家というゲームを破壊することと同義である。

ということで、結論はこうだ。憲法を燃やすことは、国家を燃やすことである。

＊13——この問題は、96条改正の問題点とも共通である。96条については、木村草太『テレビが伝えない憲法の話』ＰＨＰ新書、２０１４年、第5章参照。

# 衆議院の解散・総選挙は憲法のルールを遵守しているか?

2015年4月

## はじめに

言うまでもなく、衆議院の解散・総選挙は、日本の政治権力の担い手を変化させるプロセスである。ところで、政治権力は本来、国民全体の公共の利益を実現するために存在する。そうだとすれば、衆議院の解散・総選挙の制度は、「どうすれば、公共の利益をよりよく実現できるか」という基準でデザインされなくてはならない。

では、どうデザインすべきなのか。

その回答は、それぞれの国によっていろいろ違いがあり、唯一絶対の正解があるわけではない。しかしながら、日本においては、その様々な回答からの一つの選択として、日本国憲法が作られている以上、日本国憲法の定める規範がきちんと守られているか否かを、第一の判断基準とすべきだろう。したがって、衆議院の解散・総選挙の評価をしようとするなら、それが憲法のルールを遵守してなされたものであるのかどうかを、丁寧に検証せねばならない。

この検証の担い手は、本来、民主主義の担い手と一致する。つまり、国民全員が検証し、それについて評価せねばならない。しかし、一般の国民には評価の前提となる情報を十分に収集することは、不可能であろう。そこで、マスメディアの役割が重要となる。

では、マスメディアの報道は、この点を適切に検証しているだろうか。

この点、テレビ・ラジオ・新聞などのマスメディアは、各政党や候補者の政策や当落情報を伝えることには、いつもとても熱心である。また、公職選挙法違反の不正行為に対する追及も厳しかった。例えば、昨年は、選挙運動に絡む「うちわ」や「観劇会」について、非常に細かい報道がなされた印象がある。

しかし、憲法のルールや趣旨にさかのぼる根本的な検討にまで至る報道は、ほとんど見られなかったのではないだろうか。

これには、二つの理由があるように思われる。

第一は、憲法上のルールが抽象的・原理論的であるため、難しくよく分からないと感じられていることである。「そもそも、民主主義の根本に反するか」「立憲主義の原理に照らし不当ではないか」といった議論は、「うちわは有価物にあたるか」「この領収書の支出は、政治活動に関するものといえるか」といった議論に比べ、抽象的かつ難解であろう。

第二の理由は、話があまりに壮大すぎて、議論しても仕方がないという気分になることである。例えば、「この解散は違憲だった」としても、選挙全体をやり直すことが現実的であるとは思えない。また、どんなに説得的に憲法違反の理由を示したとしても、時の権力者が素直に聞いてくれようとは、なかなか思えない。

こうした事情を考えると、マスメディアが解散・総選挙の憲法論を十分に報じられないのも、やむを得ない面もある。しかし、だからといって、憲法論を無視してよいわけではない。不適切な解散・総選挙の実践を放置し、その問題点について見て見ぬふりを続ければ、将来においても「公共の利益に反する」プロセスが再現される危険が高まる。どんなに困難で、すぐには結果の出ない検証であろうと、それを放置することは正義に反する。

そこで、本稿では、２０１４年末の解散・総選挙に関わる憲法上の問題を検討し、それがどのように報じられるべきかを分析する。

## Ⅰ 選挙権の憲法上の位置づけ

14年末の衆議院解散総選挙では、その投票率の低さも話題になった。小選挙区で52・66％、比例代表で52・65％という投票率は、戦後最低だったようである。

ここで、投票率の低さについて考える前に、「そもそも、なぜ国民には選挙権が与えられるか」について考えておこう。

選挙での投票は、お酒・タバコ・自動車運転等と並んで、「大人になったらできるもの」のひとつである。なぜ大人だけに認められるのだろうか。

お酒やタバコは楽しい一方で、健康上のリスクもある。また、自動車の運転も、便利な一方で事故等のリスクがある。したがって、リスク判断の責任をとれる大人のみに認められるのである。このように、お酒・タバコ・自動車運転は自分のためにすることだから、リスクをしっかり自覚し、ルールを守る限りは、自分の好きにしていい。

これに対して、選挙は、国会議員という権力者を選定する「権力の行使」である。ごく普通の国民が、選挙のときには、国民の代表者を選ぶ「権力者」になるのである。となると、十分な判断能力が必要なのはお酒等と一緒でも、何でも自分の好きにしていい、と単純に論じることはできない。選挙は、自分のための権利であると同時に、国家全体のための公務でもある、と考えるべきだろう。これは、選挙権二元説と呼ばれる考え方である。[*1]

もちろん、独裁国家では選挙が法律上あるいは事実上強制され、しかも、独裁者への投票が事実上強制されてきた、という歴史的事実からは、投票の自由、権利としての選挙権の側面はとても重要である。しかし、自由選挙が確立した状況を前提とするならば、有権者一人ひとりが「権力者」であるという側面にも、意識を向ける必要があるだろう。

＊1――選挙権の法的性質については、奥平康弘『憲法Ⅲ　憲法が保障する権利』（有斐閣、1993年）403頁以下の記述を参照。

投票権が重要な権力である以上、死刑を宣告する裁判官、あるいは断固たる外交宣言を発する外務大臣と同じように、投票者は責任感を持って投票せねばならない。もし、「死刑判決は書きたくないし、かといって、凶悪犯に懲役刑を言い渡す気にもならない」といって判決を書くのをさぼる裁判官がいたらどうだろう。あるいは、「あの国に文句言うと怖いし、文句言わないと国民からの突き上げが嫌だなあ」といって仕事に来ない外務大臣がいたらどうだろう。あまりの無責任さにあきれることだろう。

14年末の選挙に際しては、「投票したい候補がいないから、投票しない人が多いのではないか」ということがしばしば指摘された。しかし、こうした選択は、「権力者」の行動としてあまりにも残念である。たとえ、一人ひとりの影響力は小さかったとしても、その権力は責任をもって行使されなければならない。選挙権の公務性を指摘する選挙報道も、もっとあってよいと思う。

もちろん、今述べた議論は、白票を投じてはならない、当日は必ず投票所に行かねばならない、ということを意図するものではない。いろいろ考えてベストな候補者が見つかったなら、その人に投票する。完璧ではないにしても、「まぁ、この人のほうがましだ」と思える候補者に投票するのもありだろう。あるいは、現在の候補者はだれも信頼できないことを表明するために、「国民全体のために」白票を投じたり、棄権したりするのも一つの結論である。

その選択の多様性が保障されねばならないのは当然だが、各有権者には、「国民全体のため」

に自覚的な選択をすることが求められている。

## II　解散権行使の問題

### ◉1　争点の不明確さ

さて、選挙は一般国民が「権力者」としての役割を果たす大切な機会である。しかしながら、14年末の総選挙は盛り上がりに欠けた。その要因はいろいろあろうが、争点があまりにも不明確だったことは、見逃せない。

安倍首相は、主な争点として消費増税延期を掲げた。確かに、財政再建を急務と考える人々の中には、増税延期への反対意見があったのは事実だろう。しかし、増税延期法案が議会で否決された事実はない。また、主だった政党も、党として増税延期に反対していたわけではない。あるいは、金融緩和政策や為替・株式市場介入の在り方等も争点として示されたが、そうした経済政策のどの部分に反対派がいるのかも、よく分からなかった。

このような状況では、「選挙に行きましょう」と言われたところで、何を基準に投票すべきか分からない。投票率が下がるのも当然だ。では、なぜ、こんな事態になってしまったのだろうか。

多くのメディアで指摘されていたことだが、野党の対応が情けなかったのは事実だろう。野党第一党の候補者数が議席数の過半数に満たなかった上に、野党間には連携・連合の機運もなかった。たとえ野党が大勝しても政権交代ができないのだとしたら、仮に明確な争点があったとしても、盛り上がりに欠けるのは当然だろう。まして、消費増税延期に反対する野党はほぼなく、安倍内閣の示した争点は争点にならなかったのだから、なおさらだ。

では、なぜ、野党はそんな対応しかできなかったのだろうか。この点について議論するメディアはあまりなかった。しかしながら、個別政党のふがいなさを論難するだけで、選挙の「制度的な問題点」を検討しなければ、国民の意思を十分に反映する選挙はいつまでたっても実現しない。

憲法学の観点から見たとき、野党の対応が不十分なものになった原因は、野党自身のふがいなさもあるが、解散があまりにも唐突だったことにあるように思われる。実は、「首相が、好きな時に、好きな理由で議会を解散できる」制度は、世界の先進国を見回しても、あまり一般的ではない。幾つか、外国の例を見てみよう。

## ◉2　諸外国の法制度

まず、アメリカや韓国など大統領制の国には、そもそも任期満了前の議会解散制度がない。大統領は直接国民に選ばれているので、たとえ議会の信任がなくとも、「国民から選ばれた」という正統性があり、行政実務を遂行できる。したがって、議会解散権がいらないのである。[*2]

では、内閣が国会に対して責任を負う議院内閣制の国では、どのような制度がとられているのか。

議院内閣制の母国、イギリスでは、実は長らく、首相が好きな時に庶民院（日本の衆議院に相当）を解散できる制度になっていた。日本の解散権のイメージは、イギリスの首相の解散権に由来しているように思う。しかし、そのイギリスでも近年、首相が自分に有利なタイミングを選んで、恣意的に解散することへの批判が高まった。

一般論として、選挙には、有利不利のタイミングがある。例えば、増税や年金カットなど、国民に不人気な政策を実施せざるを得ない時期には、与党は選挙を避けたほうが有利だ。他方、野党の準備が整わないうちに不意打ち解散ができれば、与党は選挙戦を有利に進めることができる。もし、首相が与党の都合のみを優先させるなら、与党に有利なタイミングを選んで解散する慣行ができるだろう。

しかし、本来であれば、選挙は、特定政党のためではなく、国民全体がよりよい政治的決定をできることを目指して、デザインすべきだろう。そこで、イギリスでは、11年に、「議会任

＊2——もっとも、大統領制だからといって、議会と大統領との関係悪化を放置してよいと考えているわけではない。大統領に法律の施行を延期する権限を認めたり、議会に厳格な予算コントロール権を付与したりすることで、大統領と議会の対立関係を調整する制度が憲法に定められている。

期固定法」が制定された。[*3] 庶民院議員の任期を5年とし、任期前の解散は、①議会が3分の2の多数で解散を決議した場合と、②首相への不信任決議が可決された場合に限られることになった。

ドイツでは、首相（連邦宰相）の解散権は、憲法で制限されている。具体的には、①議会が首相の不信任決議をしたとき、あるいは、②首相が提案する信任決議を議会が否決したときにのみ、解散が認められる。さらに、その解散の合憲性は、憲法裁判所で審査される。

ドイツ憲法は、なぜ解散権を制限するのだろうか。そもそも解散は、議会と首相との対立が解消不可能な場合に、安定した関係を再構築するための制度である。しかし、「対立関係の有無」は容易に判定できない。そこで、不信任決議・信任決議の否決という、外形的に明らかな要件を課しているのである。

フランスは、大統領制と議院内閣制の中間にある「半大統領制」という独特な制度を採用している。国民の直接投票で選ばれる大統領には、国民議会（日本の衆議院に相当）を解散する権限があるものの、憲法に一定の制限が定められており、大統領の都合だけで解散すると強い非難を受けると言われている。

## ◉3　日本の解散権のありよう

このようにいくつかの代表的な国の制度を見てみると、内閣が好きなタイミングで衆議院を解散できる制度には、非常に大きな問題があることが分かる。そして、14年末の解散は、日本国憲法に照らしても違憲の疑いを提起する余地がある。検討してみよう。

今回の任期前の解散は、次のような解釈論に依拠して行われている。すなわち、憲法7条3号は、「天皇は、内閣の助言と承認により」「衆議院を解散する」と定めている。この規定には、条文の文言上は特に制限がないので、内閣はいつでも好きな時に「解散のための助言と承認」ができる。

しかしながら、この解釈には疑義がある。憲法7条の規定は、あくまで憲法上の手続きが踏まれた場合に、内閣の助言と承認と天皇の国事行為という形式をとるべきだとしているだけではないのか。例えば、同条1号は、内閣の助言と承認に基づいて「憲法改正、法律」の「公布」をするとしているが、国民による憲法改正や国会による立法なしに、勝手に、憲法改正や法律を公布してよいと解釈する者はいない。そうだとすれば、衆議院の解散も内閣の好き勝手にできるわけではないはずだ。そして、憲法69条は、内閣不信任決議案が可決ないし、内閣信任決議案が否決された場合に、「十日以内に衆議院が解散」され得ることを規定している。そうすると、衆議院の任期前解散は、この規定の場合に限られると考えるのも十分説得的な解釈

＊3――イギリスでは、2000年代から「憲法改革」と呼ばれる一連の統治機構の大改造が進んでおり、最高の裁判権が貴族院から、新設の最高裁判所に移されたり、地方分権が進められたりしていた。議会任期固定法も、その流れの中で制定されたものである。

である。

日本の憲法学説では、議会の解散権を69条の場合のみに限定するのは狭すぎ、例外的に7条による解散も可能と考える者が多いように思われる。しかしながら、7条解散が無制限に認められると考えているわけではなく、重要法案が否決されるなど、不信任決議に準じるような場合を想定しているのが通常である。そもそも憲法7条は、解散は「国民のために」行うものだと明記している。したがって、少なくとも、与党のために、与党に有利なタイミングで解散することについては、憲法7条からも疑問を呈する余地があろう。

そしてこうした解釈によるならば、議会との明確な対立がないにもかかわらず断行された今回の解散は、違憲と評価される可能性が高いだろう。もちろん、違憲だからといって、選挙を無効にする効果まで認めるべきかどうかは議論の余地がある。しかしながら、解散の適否について、憲法的な評価をしておくことは必要だろう。

今回の選挙が盛り上がりに欠けたものになったことについては、野党側の準備・調整不足以外に、首相が、自分に有利なタイミングで解散を打つ慣行にも原因がある。この慣行を改めるべきか。改めるとして、どのような制度を作ればよいのか。また、そのために、憲法改正が必要なのか、現行憲法を前提にした新しい慣行の樹立なのか。*4 こうしたことを、メディアでも報じ、議論すべきだろう。*5

以上は、解散権のありようという選挙の前段階に関する議論である。続いて、選挙自体について検討しよう。

## III 選挙に関わる法制度

選挙法制は、「どのように選挙区を区切り、どう集計して当選人を決めるか」という選挙制度と、「選挙に関する情報の流通をどのように統制するか」という選挙情報法制に分かれる。14年末の選挙は、それぞれ、検討すべき課題を提示している。

### ◉1 現行選挙制度の課題

14年12月18日朝日新聞朝刊によれば、「衆院選の結果を受けて、朝日新聞社は15、16日に全国世論調査（電話）」を実施した。その結果、「自民、公明の与党が合わせて3分の2を超える

＊4――石川健治「危機の政府／政府の危機」駒村圭吾・中島徹編『別冊法学セミナー13・11で考える日本社会と国家の現在』（日本評論社、2012年）118頁は、ドイツの連邦議会解散制度を参照しつつ、内閣の自由な解散権を制限する憲法慣習の確立を真剣に検討すべきではないかとする。

＊5――以上の議論については、長谷部恭男『Interactive 憲法』（有斐閣、2006年）第17章参照。また、各国の議会解散制度に関する概説として、君塚正臣編著『比較憲法』（ミネルヴァ書房、2012年）111頁以下参照。また、イギリスの議会任期固定法については、河島太朗「イギリスの2011年議会任期固定法」、「外国の立法」254号（2012年）参照。

325議席を得たことについては、59％が『多すぎる』と答え」たようである。こうした傾向は、今回の選挙に特有なものではない。小泉郵政民営化選挙や民主党政権誕生の政権交代選挙でも、政権獲得政党の議席が多すぎると感じた有権者が多かった。となると、現行の選挙制度は、有権者の意思を反映させにくい制度である、ということになる。

日本の報道を見ていて気になるのは、現在の選挙制度が自明視されすぎているようにも思われることである。この自明視を相対化するために、まずは、中選挙区制から小選挙区比例代表並立制への移行の流れを確認しておこう。

中選挙区制（小規模な大選挙区制限連記制）とは、一つの選挙区に3～5人程度の議席を配分し、有権者は一人の候補者にのみ投票する制度であった。この制度は、大政党・小政党それぞれに、次のような戦略行動を取らせる。

まず、大政党は、一つの選挙区に複数の候補者を立てる必要がある。しかしながら、有権者は一人にしか投票できないので、同じ政党の候補者は、同一の支持母体の票を取り合うことになり、大政党は派閥に分裂する。他方、小政党は、複数の候補者を擁立すると共倒れになるため、立候補者を絞り込む必要がある。つまり、議会の過半数は狙わずに、存在感のある少数党であることを目指すことになる。

こうして、派閥抗争の絶えない与党自民党と、政権獲得を目標にしない野党第一党社会党という構造が長らく固定化されていた。この状況の打開を目指して導入されたのが、小選挙区比例代表並立制である。すなわち、政権交代の可能性を高めるために小選挙区制を採用し、他方で、小政党への配慮のために、比例代表制度も取り入れたのである。では、小選挙区比例代表並立制をどう評価すべきだろうか。

政治とは国民全体の意思決定であるから、選挙制度評価の基準は、国民全体の意見集約の方法として優れているか、にある。こうした観点から見たとき、小選挙区比例代表並立制は、あまり望ましい制度とは評価できない。

まず、小選挙区制の下では、各選挙区で一人しか当選できない以上、少数政党は大規模政党に連合する必要がある。例えば、日本が完全に小選挙区制であれば、共産党や公明党には当選の見込みはなく、それぞれ自民党や民主党と連合・合併するしかなくなるだろう。このように、二大ブロックを形成した上で、総選挙の時点で国民全体の意見を集約するのが、小選挙区制の特徴である。

これに対し、比例代表制の下では、多数政党も少数政党も自らの個性を積極的にアピールしなければ当選できない。単独で議会の過半数を獲得する政党は生じにくく、国民の意思の多様性を反映した議会構成になる。そして、国民の意見分布を反映した議会内での交渉や妥協によって、最終的に意見を集約することになる。つまり、比例代表制とは、選挙とその後の議会の交渉を通じて、段階的に意見集約をするシステムなのである。

このように、小選挙区制と比例代表制とは、それぞれ意見集約の仕組みが異なるため、小選挙区比例代表並立制の下では、各政党は矛盾する要求に迫られる。現在の各政党を見ていると、大同団結をするのか、特色ある独自路線を貫くか、非常に難しい判断を迫られた結果、明確な方向性を定められず、国民の選択も困難になっているように思われる。

こうして検討してみると、選挙制度の問題点は、小選挙区比例代表並立制という矛盾に満ちた制度そのものにあるのではないか。しかし、選挙制度に関する報道は、「一票の格差」問題や議員定数削減の是非など、現行制度を前提とした問題に関するものが多い。各メディアは、選挙制度それ自体についても、より深く検討する報道をするべきであろう。

## ◉2 選挙制度改善のための選択肢

さて、小選挙区比例代表並立制に問題があるとして、どのような改善策があり得るのか。大きな方向性としては、中選挙区に戻す、小選挙区制で一貫させる、比例代表制を強化する、といった方法が考えられる。このうち、前二者には、かなり無理があるように思う。

まず、一般に現制度への不満が高まると、「昔のほうが良かった」という雰囲気が生まれるものであるが、中選挙区制度にはかなり問題があったからこそ、制度改革が行われたのである。過去に逆戻りという安易な発想は慎むべきだろう。他方、小選挙区制で一貫させ、二大政党化を促すのは、利害関係人が多すぎ、すぐには困難であろう。というのも、小選挙区制と比例代表制との並存による政党の矛盾行動を解消しようとするなら、衆議院議員選挙だけでなく、参議院議員選挙や地方選挙でも小選挙区化する必要があるが、日本の政党状況を考えるなら、そこまでの抜本的な制度変更は難しく思われるからである。

そうすると残る選択肢は、比例代表制を強化する方向しかなさそうである。もっとも、衆議院議員の定数をすべて比例区にするのも、あまり現実的ではない。現職議員の強い反発が予想されるのはもちろん、各選挙区の候補者と有権者とのコミュニケーションの歴史を破棄してしまうのは、良い議員を選ぶ観点からマイナスになるおそれもあるからである。

現実的に考えるなら、もっと緩やかな方法、つまり、小選挙区の枠組みを生かしつつ、比例代表の要素を強化する方法を考える必要がある。この点で、ドイツとフランスの制度が参考になる。

ドイツの制度は、「小選挙区比例代表併用制」と呼ばれる。この制度は、基本的には比例代表制であり、そこに小選挙区制の「人物本位の選択」という特徴を加味したものである。

もう少し説明しよう。有権者が小選挙区と比例区それぞれに投票するのは、日本と同じである。しかし、各党の議席数が、基本的には比例区の結果によって決められるところに特徴がある。具体的には、比例区に基づいて獲得した議席数を、まず、小選挙区の当選者に割り当てる。それで余った分（比例区で得た議席数－小選挙区の当選者数）の議席は、比例名簿の順番で割り当てるのだ。ただし、比例区で獲得した議席数よりも小選挙区の当選者数が多い場合には、小選挙区の当選者全員が議席を得ることになる。[*6]

これに対し、フランス国民議会の制度は、「小選挙区2回投票制」と呼ばれる。この制度は、基本的には、一つの選挙区から一人の議員を選ぶ小選挙区制だが、1回目の投票で十分な得票を得られなかった場合に、上位の候補者の間で決選投票が行われるのが特徴である。

たとえば、ある選挙区の1回目投票で、A候補が10万票、B候補が8万票、C候補が3万票を獲得したとしよう。この場合、A候補とB候補が2回目に立候補できる。最終的に当選するためには、少数候補を味方にしなければならない点が重要である。今の例でいえば、C候補の3万票を味方につければB候補は逆転できるので、A候補もB候補も、C候補を味方につけようと努力せねばならない。このため、当選者は、少数意見にもしっかりと耳を傾けねばならなくなる。他方、有権者の側は、1回目は自分の好きな候補者に投票して、自分の考えに最も近い候補者への支持を表明したうえで、2回目は戦略的に投票することになる。無駄な投票がないので、選挙に緊張感が生じる。

ドイツの方法も、フランスの方法も、それぞれの歴史的経緯を踏まえた、工夫された制度だと思うが、こうした方法は、現在の小選挙区を生かしたまま比例代表の要素を導入できるので、日本にとっても十分に検討に値する制度であろう。憲法の定める議会制民主主義を実現するためには、より良い選挙制度を構築することが必要不可欠である。*7 メディアの側も、多様な選挙制度の可能性を報じ、検討する下地を提供するべきだろう。

## ◉3　放送法制

さて、14年末の選挙は、選挙情報法制にも大きな懸念を残すものだった。

自民党が、NHKおよび在京民放テレビ局に対し、衆議院解散前日の11月20日付で「選挙時期における報道の公平中立ならびに公正の確保についてのお願い」（同党筆頭副幹事長・萩生田光一氏および報道局長・福井照氏の連名）とする文書を渡していたことが判明したのである。

文書の指摘内容は、出演者の発言回数や時間、ゲスト出演者の選定、テーマ選び、街頭インタビューや資料映像の使い方など、かなり細かい点にまで及んだ。さらには、「過去においては、具体名は差し控えますが、あるテレビ局が政権交代実現を画策して偏向報道を行い、それを事実と認めて誇り、大きな社会問題となった事例も現実にあったところです」と、メディア関係者が国会で証人喚問された椿事件を想起させる記述までしている。[*8]

＊6――ややこしいので、具体的な数字を使って説明しよう。今選挙をやって、比例区でA党が200議席、B党が100議席確保したとする。そして、小選挙区では、A党が150議席、B党が150議席得たとしよう。この場合、A党の議席は200（150が小選挙区当選者、50は比例名簿の順番で割り当てる）、B党の議席は150（比例区獲得議席よりも小選挙区当選者が上回るので、小選挙区当選者が全員議席を獲得）ということになる。投票の結果によって、議員定数が変わりうるのは、とても面白い制度であろう。

＊7――選挙制度については、長谷部恭男『憲法（第6版）』（新世社、2014年）331頁以下参照。同書は、フランスの2回投票制の導入を提案する。

＊8――実際、安倍首相は12月1日の日本記者クラブによる党首討論会で、椿事件について言及している。

椿事件は、自民党から見れば、「偏向報道により不当に政権を奪われた事件」だと理解されるのかもしれない。しかしながら、メディアからみれば、「政権にとって望ましくない報道をすれば、免許制度を盾に、証人喚問を使ってまで嫌がらせを受ける危険があることが明確になった事件」である。この文書は、自民党が「不公正」「政治的偏向」と評価した報道に対して、自民党の政治権力で圧力を加える旨の文書だと受け取られるのもやむを得ないようなものだったわけである。

この文書については、放送法4条が「公平・公正」「政治的中立」を要求しており、特に問題がないとの弁明・弁護もある。しかし、こうした主張には根本的な疑問がある。放送法3条が、「放送番組は、法律に定める権限に基づく場合でなければ、何人からも干渉され、又は規律されることがない」と定めていることを軽視しすぎではないだろうか。この規定は、憲法21条の保障する表現の自由を受けて、メディア外部の圧力から、編集権を保護する規定である。

そもそも、何をもって「公平・公正・中立」と評価するかは、立場によって判断が分かれる。さらに、たいていの場合、右の人も左の人も「自分が普通だ」と思っているのだから、仮に「ど真ん中の報道」があったとしても、「偏向している」と思うはずである。例えば、原発に対する賛否を述べない報道をすれば、反原発派からは「踏み込みが浅い」、原発推進派からは「なぜ原発を動かさないといけない理由を報じないのか」と批判されるだろう。そうすると、放送法4条が要求する「公平・公正・中立」が、「特定の政党から見ての公平・公正・中立」

を意味すると理解すれば、いかなる報道もできなくなり、収拾がつかなくなる。

では、放送法4条は何を要求しているのか。放送メディア自身が自律的に基準を策定し、それに照らして公平・公正・中立であることを要求している、と解釈すべきだろう。これは、政治的に偏向して良いということではないが、他方で、ある政党や候補者に有利・不利になる報道を一切してはならないということでもない。例えば、「正しい経済統計に基づく主張かどうか」という基準で、各政党の主張を比較検討する報道は、誤った主張をする党にとっては不利だが、不公平・不公正だというわけではない。

このように、「公平・公正・中立」の判断については、メディア自身の自律的な判断を尊重すべきである。自民党の文書の問題についてのメディア報道を見ていると、放送法4条の規定については、それなりに報じられ解説されていた。しかし、放送法3条や憲法21条1項の趣旨については、あまり報道がなかったように思う。

この事件をきっかけに、選挙期間中のメディアの自律を確保するための法制度のありようについても、議論が進められるべきだったのではないか。

## おわりに

以上に見てきたように、14年末の解散・総選挙は、憲法とそれに関連する法制度について様々な問題を提起するものだった。それらは、誰が当選し、どの政党が何議席獲得したかという情報や、政治家同士の人間関係に関する情報に比べれば、地味で分かりにくく、報道されにくいものである。

しかし、解散・総選挙は、国民全体のために、より良い意思決定をすべく行われる。そして、それを行うために、憲法・法律に多様な制度が用意されている。解散・総選挙をめぐる報道にも、国民全体という視点から、制度をどう改善すればよいのか、という視点をもっと取りいれるのが、メディアの使命であろう。

# 文言の精緻な分析から見えてくる安全保障法制の問題点

２０１５年５月

## Ｉ　はじめに

２０１４年７月１日、安倍内閣は「国の存立を全うし、国民を守るための切れ目のない安全保障法制の整備について」と題された閣議決定を行った。この決定は、平時での自衛隊の運用、外国軍の後方支援、集団的自衛権行使の限定容認など、安全保障分野に関する法整備を目指すものだった。

これを受け、15年２月13日から自公の与党協議が始まり、５月11日には、国際平和と日本の安全保障を目的とした法整備のための主要条文案が固まる。一連の安保法制案は、５月14日に閣議決定され、５月半ばから国会審議に入る予定である（本稿執筆段階）。

具体的な法案の検討に入る前に、安全保障法制に関わる用語や法原則を確認しておこう。

国家の実力行使は、①外国（政府）を対象とするものと、②テロリスト等の非国家的主体を対象とするものに分類され、それぞれ法的扱いが異なる。

まず、①外国を対象とするものは、法律上「武力行使」と呼ばれ、国際法でも原則として禁止される（国連憲章2条4項）。ただし例外として、安保理決議に基づく軍事的措置（同42条）、集団的自衛権の行使（同51条）、個別的自衛権の行使（同51条）の三つは、適法な武力行使とされる。

もっとも、日本国憲法は、さらに武力行使の範囲を制限している。というのも、日本国憲法には、国内の主権を維持・行使する作用である「行政」権限の規定はあるが、外国の主権を制圧する「軍事」権限の規定がまったくない。このため、防衛行政としての個別的自衛権の行使はぎりぎり認め得るが、それを超えた武力行使は認められない。当然のことながら、外国の防衛を目的とする集団的自衛権も行使できない。14年7月1日の閣議決定は、集団的自衛権を行使できるとの解釈に変更されたと説明されることも多いが、それは、憲法論的には取り得ない解釈だ。あくまで、ある武力行使が個別的自衛権としても集団的自衛権としても国際法上説明可能な場合にかぎり、集団的自衛権に含まれる武力行使が許されるに過ぎないと理解すべきだろう。

次に、②非国家的主体を対象とするものは、法律上「治安活動」ないし「警察活動」と呼ばれる。国内犯罪に対する警察活動はもちろん、海賊や国際テロの取り締まりもこれに含まれる。国際法は、各国が自国の主権が及ぶ範囲で治安活動を行うことを当然認めている。また、外国の要請により、外国の治安活動を援助することも禁じていない。

日本国憲法でも、治安活動は、「行政」（自国の主権が及ぶ場合）または「外交」（外国の要請による場合）の範囲とされ、特に禁止されていない。外国軍の武力行使を後方支援する場合も、「外国の武力行使と一体化」し、日本自身の「武力行使」だと評価せざるを得ない場合には、軍事活動にあたり禁止されるが、それに至らなければ、行政・外交協力として許容される。

ただし、②で気をつけねばならないのは、その武装集団が「国家」であるか否かの判定が困難な場合がある点である。近年、勢力を拡大しているIS（イスラム国）は、すでに一部の領域を一定期間支配しており、もはや国家に準じる組織として扱うべきではないか、が重要な論点となっている。

また、テロリストやマフィア等が重武装を備えることもまれではない現代では、治安活動が軍事活動よりも安全で平穏だとは必ずしも言えない。さらに、現地の武装勢力を攻撃すれば、自衛隊員や日本国に対する怨念が生まれ、日本国内でテロを誘発したりする危険も高まる。

こうした点を考えるならば、憲法上は許される治安活動への協力であっても、その政策的当否は、慎重に検討しなければならない。

では、一連の法案は、こうした憲法原則の枠を遵守しているのか。法案準備の段階で、閣僚たちには、戦闘中の機雷掃海作戦への参加、あるいは「日米同盟が揺らぐ」場合の武力行使に積極的であるかのような発言が散見された。安倍首相は5月14日の記者会見で、一連の法案が

「戦争法案」でないと強調したものの、不信を募らせる人が多いのも当然だろう。

もっとも、イメージだけで、今回の法案を「集団的自衛権を認める歴史的な転換点だ」と評価することは、かえって、権力者の恣意的な行動を助長しかねない。憲法の枠内での法整備を実現させるためには、提案者の発言から独立して、法案の文言を緻密に分析することが必要だ。そうでなければ、実際に自衛隊が活動する段階で、政府による勝手な法解釈を許し、「法治主義」による権力統制を不可能にしてしまうだろう。

そこで、具体的な法案の中身を検討していきたい。

## II 安全保障法制の全体像

まず、5月14日に閣議決定された安全保障法制案の内容を確認しよう。その内容は、大きく分けると5項目に整理できる(以下、法案は「法案:○○法X条」という形で表記する)。

### ◉1 在外邦人の保護

第一は、自衛隊による在外邦人等の保護措置である。仕事や観光など、外国に在留する邦人は多数に及ぶ。しかし、在外邦人が紛争に巻き込まれた場合でも、これまでの自衛隊法では、自衛隊が武器を用いて警護・救出活動を行うことは想定されておらず、許されるのは「輸送」

### 安保法制の概要

| 項目 | 従来 | 安保法制法案 |
|---|---|---|
| ①在外邦人の保護 | 輸送のみ可能 | 警護、救出が可能 |
| ②平時における米軍などへの協力の拡大 | 自衛隊の武器等防護 | 外国軍の武器等防護も可能 |
| | 米軍協力は一定の範囲 | 米軍協力の幅を拡大 |
| ③国連 PKO | 自己保存型の武器使用のみ | 任務遂行型の武器使用も可能 |
| | 住民警護、駆けつけ警護不可 | 住民警護、駆けつけ警護可能 |
| ④外国軍の後方支援 | 周辺事態でない場合は、特別措置法を制定する必要あり | 重要影響事態か国際平和共同対処事態なら後方支援可能 |
| | 非戦闘地域でのみ可能 | 現に戦闘が行われていない地域なら可能 |
| | 弾薬提供、戦闘行為への給油は禁止 | 弾薬提供、戦闘行為への給油を解禁 |
| ⑤防衛出動の新要件 | 武力攻撃事態のみ出動 | 存立危機事態も防衛出動可能 |

のみだった（自衛隊法84条ノ3）。

これに対し、今回の法案では、自衛隊の業務に「外国における緊急事態に際して生命又は身体に危害が加えられるおそれがある邦人の警護、救出その他の当該邦人の生命又は身体の保護のための措置」が加えられている（法案：自衛隊法84条ノ3）。

### ◉2　平時の米軍などへの協力の拡大

第二は、平時における米軍などへの協力拡大である。

従来、自衛隊は、武器・弾薬などを警護するために武器を使用することができるとされていた（自衛隊法95条ノ2）。今回の法案は、武器使用の対象を共同で日本の防衛にあたる外国軍あるいは、共同訓練中の外国軍の警護にも広げる（法案：自衛隊法95条ノ2）。ただし、武器使用は、緊急避難・正当防衛の場合に限るという限定がかけられている。

また、これまで自衛隊は、共同訓練や災害対応の際に、米軍に物品や役務を提供できるとしていたが（自衛隊法100条ノ6）、その範囲を警護出動や海賊対処行動に広げることになる（法案：自衛隊法100条ノ6）。

## ◉3　国連PKOへの協力拡大

第三は、国連PKOへの協力拡大である。これまで、自衛隊によるPKOへの協力は、武器を使用しない行政事務やインフラの整備が中心だった。

武器使用が想定される停戦監視・紛争当事者の交渉援助などの業務については、①停戦合意があること（国際連合平和維持活動等に対する協力に関する法律、以下PKO協力法3条1号）、②受け入れ国の同意があること（同法6条1項1号）、③紛争当事者に対し中立を維持すること（同法6条13項1号）、④①から③の条件を満たさなくなった場合に即時撤退できること（同法8条1項6号）、⑤武器使用は、自己またはその属する部隊及びその管理下にいる者の生命などの防衛のために必要最小限度で行うこと（同法24条）の五原則の下で、国会の承認（同法6条7項）を得て行うこととされていた。このPKO五原則の⑤が、武器使用を「自己保存型」に限定していることにより、自衛隊は、現に生じている争いの平定や、攻撃を受ける他国部隊の警護など、積極的な武器使用が必要な業務は行えない。

今回の法律では、「業務を行うに際し、自己若しくは他人の生命、身体若しくは財産を防護し、又はその業務を妨害する行為を排除するため」に武器を使用できるようになる（法案：PKO協力法26条）。これは、「任務遂行型」の武器使用と呼ばれるものである。

この規定を前提にすれば、安全確保や駆けつけ警護といった、積極的に武器を使用しなければいけない業務も行える。そこで、法案では、「防護を必要とする住民、被災民その他の者」の警護などの業務（法案：PKO協力法3条5項ト）や、他国のPKO関係者の「緊急の要請」に対応して行う「生命及び身体の保護」（法案：PKO協力法3条5項ラ）が、自衛隊のなし得る業務に加えられている。

## ◉4 外国軍の戦闘行為の後方支援拡大

第四は、自衛隊による外国軍の後方支援の拡大である。ここで言う後方支援とは、「武力行使」または「武力による威嚇」にならない範囲での外国軍の戦闘行為の支援を意味する。

これまで、外国軍の後方支援は、日本の周辺地域において、放置すれば日本に直接の武力攻撃が生じる事態、いわゆる「周辺事態」にのみ認められていた（周辺事態法）。それ以外の場合に後方支援を行う場合には、イラク特措法やテロ対策特措法といった特別措置法をその都度、制定する必要があった。

今回の法案は、まず「周辺事態」における地理的な制約を削除し、「我が国の平和及び安全に重要な影響を与える事態」（重要影響事態）の場合に、後方支援をできるようにした（法案：

重要影響事態に際して我が国の平和及び安全を確保するための措置に関する法律、以下、重要影響事態法1条)。

また、「国際平和共同対処事態に際して我が国が実施する諸外国の軍隊等に対する協力支援活動等に関する法律」(以下、国際平和支援法)を新設し、「国際社会の平和及び安全を脅かす事態であって、その脅威を除去するために国際社会が国際連合憲章の目的に従い共同して対処する活動を行い、かつ、我が国が国際社会の一員としてこれに主体的かつ積極的に寄与する必要があるもの」(国際平和共同対処事態)の場合にも、後方支援をできるようにする。これにより、特別措置法をいちいち立法しなくても、政府の判断で後方支援ができるようになる。

このように今回の安保法制法案では、①重要影響事態と②国際平和共同対処事態の二つの場合に後方支援ができる。では、両者の手続きは、どう違うのか。前者の①重要影響事態での後方支援は、日本の安全にかかわる事態であるため、一定の場合には、国会の事後承認で足りる。他方、後者の②国際平和共同対処事態では、例外なき国会の事前承認が要求される。

さらに、一連の法案では、後方支援の地域やメニューも広がっている。まず、従来は、後方支援は、現に戦闘が行われていないだけでなく、一定の時間的広がりを持って戦闘行為が行われておらず、将来も行われないであろうと判断できる地域、つまり非戦闘地域で行わなければならないとされていた。これに対し、今回の法案では、「現に戦闘が行われていない地域」であれば後方支援ができるとされる(法案:重要影響事態法2条3項、国際平和支援法2条3項)。また、従来、弾薬の提供や作戦行動発進前の機体への給油は禁じられていたが（周辺事態法別表第一備考、第二備考参照）、重要影響事態法案・国際平和支援法案いずれにおいても、それらのメニューが解禁されている。

### ◉5　防衛出動の新要件

第五に、自衛隊の防衛出動の新要件設定がある。これまでの自衛隊法では、自衛隊が防衛出動できるのは、日本への武力攻撃およびその危険が切迫した事態とされていた。

今回の法案では、「我が国と密接な関係にある他国に対する武力攻撃が発生し、これにより我が国の存立が脅かされ、国民の生命、自由及び幸福追求の権利が根底から覆される明白な危険がある事態」（存立危機事態）にも、防衛出動ができるとされる（法案：自衛隊法76条1項2号）。

これは、14年7月1日の閣議決定で、集団的自衛権の行使が容認されたことを受けたものとされる。

### ◉6　小括

その他にもいろいろと細かい変更点はあるが、おおむね以上の五項目が、今回の安保法制法案の骨格である。

## Ⅲ　安全保障法制の問題点

それでは、こうした安保法制の内容をどのように評価すべきだろうか。

まず、在外邦人の保護（Ⅱ1）、平時の米軍などへの協力（Ⅱ2）、国連ＰＫＯ（Ⅱ3）は、いずれも非国家的主体に対する「治安活動」・「警察活動」に関わるものである。したがって、その任務を拡大しても、それは「行政」と「外交」の範囲にとどまっており、憲法が禁じる「軍事」・「武力行使」には当たらない。

また、後方支援（Ⅱ4）については、重要影響事態法案・国際平和支援法案のいずれでも、外国軍の「武力行使と一体化しないこと」が条件とされており、これまで同様、日本自身の「武力行使」は禁じられている。さらに、集団的自衛権の限定容認（Ⅱ5）は、慎重に評価すべき点はあるが、後述するように、必ずしも従来の枠を超えたものになっていない。

そうすると、全般としては、憲法上の原則を踏まえた内容になっており、これまでの枠を大きく踏み越えるものではないと言えるだろう。その意味で、安倍首相が、「戦争法案ではない」と強調することも理解できなくはない。

しかし、今回の法案やその審議方法には、幾つか重大な問題も含まれている。以下、順に指摘していこう。

## ◉1　法案審議の方法

まず、多様な内容の法案を一括審議すること自体が、強く批判されるべきである。今回の立法作業については、しばしば、「政府の説明が足りない」「急ぎすぎである」との指摘がなされている。5月8日から10日の読売新聞の世論調査でも、法整備それ自体については、賛成46％に対し反対41％とやや賛成が勝ったものの、15年の通常国会で成立させることについては、賛成34％に対し反対が48％となっている。法案に賛成したい気持ちを持つ国民も、内容をもう少し理解した上で判断したい、ということだろう。

安保法制には、国民の理解と信頼が不可欠である。国民が法内容を理解しやすいように、適切に区分して法案を提出し、審議のために十分な時間を確保すべきだ。内閣は、国会に議題を提案する権限を持つが（憲法72条）、この権限は恣意的に行使すべきものではなく、国民全体のために、信頼できる国会審議を行えるように行使されねばならない。

実際、一連の報道の中では、国連PKOと後方支援、あるいは集団的自衛権の行使を混同しているかのような解説がなされることも多い。これはメディアの勉強不足というより、政府・与党の議題の設定の仕方の問題だろう。

また、このような状況下では、各メディアが行う世論調査にも、慎重さが求められる。

例えば、朝日新聞3月18日～4月27日の郵送世論調査では、「自衛隊の外国の軍隊に対する後方支援で、支援の相手国や活動範囲、支援内容を広げることについて」、賛成39％に対して反対50％となっている。そもそも安保法制と一口に言っても、比較的国民の理解のある国連PKOへの協力から、慎重意見の多い外国軍の後方支援まで、多様な内容が含まれている。それにもかかわらず、単に「今回の安保法制に賛成ですか？」と質問するのは、「この百貨店に売っている商品が欲しいですか？」と聞くのと同じくらいにばかげている。百貨店には、欲しいものもあればいらないものもあり、そのような質問をされても答えようがない。

世論調査等をするなら、「武器を用いた在外邦人の救出についての意見」とか、「戦闘中の外国軍への弾薬提供の賛否」といった形で、内容を具体的に特定した上で行うべきだろう。

## ◉2　自衛隊員の安全確保

次に、強く懸念されるのは、自衛隊員の安全確保だ。

第一の問題は、後方支援の「場所」だ。従来、後方支援が可能とされていた「非戦闘地域」とは、現に戦闘が行われておらず、かつ、そこで実施される活動の期間を通じて戦闘行為が行われることがないと認められる地域を言う。これに対し、今回の法案では、現に戦闘が行われていなければよいとされる。法文上は、数日前に戦闘が行われた場所や、数日後に戦闘が想定される場所でも、後方支援ができてしまう。

第二に、在外邦人保護と国連PKOについても、不明確な部分がある。

在外邦人の「警護・救出」は、邦人を攻撃・拉致・監禁等している武装勢力・テロリストとの衝突を伴うから、無条件に認めれば、自衛隊員に多大な被害が生じよう。そこで、法案では、「警護・救護」活動ができる場合を限定している。具体的には、外国当局が「現に公共の安全と秩序の維持」を行っており、かつ、国際的な武力紛争が行われないと認められる場合でなければならず、さらに、受け入れ国の同意も要求される（法案：自衛隊法84条ノ3第1項1号、2号）。

もっとも、外国当局の「現に公共の安全と秩序の維持」という条件が緩やかに解釈されれば、極めて危険な場所に自衛隊員が派遣されてしまう。したがって、この条件は、「外国当局だけでも警護・救出が可能と言える状況がなければならない」ときわめて限定的に理解すべきである。そのような場合であれば、自衛隊は、外国当局の救出活動の補助・援助をするだけで足りるはずであり、隊員にも一定の安全性を保障できる。

しかし、現状では、この条件についての詳細な説明はなく、条件を満たしているかどうかの判断を適切に行うための手続きも十分に整備されていない。国会での十分な議論が期待される。

第三に、国連ＰＫＯの改正案では、住民保護や駆けつけ警護などの業務が追加されているが、そうした業務の遂行には、現地の武装勢力を攻撃しなければならない場合も生じ得よう。攻撃を行えば、当然、反撃されるだろうし、現地で自衛隊員や日本国に対する怨念を蓄積させる危険もある。この点に配慮して、法案では、ＰＫＯへの協力にあたって「隊員の安全の確保に配慮しなければならない」としている（法案：ＰＫＯ協力法10条）。

しかし、任務遂行型の武器使用が想定される場所で、安全を確保するのは容易ではない。また、住民保護や駆けつけ警護のような、あえて危険に身を投じる業務を、いかにして「安全」に行うのか。住民保護や駆けつけ警護を命じてよい場合を厳しく限定する必要があるが、そのような条件づけはなされていない。

いずれを見ても、現段階の法案では、自衛隊員の安全確保の規定は極めて抽象的なものにとどまっている。国会の審議で、より具体的な規定、厳しい条件づけをすべきだろう。

### ◉3　弾薬提供・戦闘機給油の解禁

先ほど指摘したように、憲法は、個別的自衛権の行使以外の武力行使を禁止している。このため、外国軍の武力行使に対する後方支援は、「外国の武力行使と一体化」し、日本自身の「武力行使」だと評価せざるを得ない範囲に及んではならないとされる。具体的には、戦闘中に武器を供給したり、戦闘地域に戦闘機や兵員を輸送したりしない、という基準が定められてきた。その枠は、基本的に今回も変わっていない。

しかし、これまで認められてこなかった、弾薬の提供や作戦行動発進前の機体への給油が解禁される。これは、従来政府が、「需要はない」という理由で行ってこなかったもので、その合憲性について詰めた判断はなされていない（平成9年11月20日衆議院安保委員会、大森政輔内閣法制局長官答弁）。ただし、現に戦闘を行っている軍に弾薬や燃料を供給すれば、直接に武力行使に使われることは確実であり、武力行使と一体化していると評価されてもやむを得ないだろう。より慎重に検討すべきである。

## ◉4　事後的な責任追及の手続き

最後に、外国軍の後方支援については、事後的な合法性・適切性の検証手続きが不十分である点を指摘しなければならない。

与党協議では、後方支援を行う場合に、例外なく国会の事前承認が必要か、それとも例外的な事後承認を認めるか、が問題となった。国会の承認は、もちろん重要な論点である。しかし、国会の承認は、あくまで実施計画の是非を判断するもので、実際の任務遂行状況の監督や任務終了後の責任追及を行うためのものではない。軍事活動の状況は、時々刻々と変化し、後方支援任務の中では計画外の事態に対処しなければならない場合も出てくる。このため、実際の運用の中で合法性が担保されているかを監督し、問題があれば任務終了後に責任を追及する必要がある。

この点で、先のイラク戦争の支援については、反省すべきことが多い。03年、イラクにおける人道復興支援活動及び安全確保支援活動の実施に関する特別措置法が制定され、自衛隊は、非戦闘地域での復興支援活動に従事した。名古屋高判平成20年4月17日判時２０５６号74頁は、「多国籍軍の戦闘行為にとって必要不可欠な軍事上の後方支援を行っている」とし、「航空自衛隊の空輸活動のうち、少なくとも多国籍軍の武装兵員をバグダッドへ空輸するものについては」「他国による武力行使と一体化した行動であって、自らも武力の行使を行ったと評価を受けざるを得ない行動である」と認定した。つまり、違憲な武力行使が行われたと認定されたのである。

後方支援は、常に武力行使と一体化する可能性のあるぎりぎりの活動であるからこそ、後方支援をする場合には、合憲性・合法性が担保されるように、自衛隊の外部から監視・監督する措置が必要なはずだ。

また、イラク戦争の後方支援については、大きな国際法的・倫理的な問題がある。そもそも、この戦争は、大量破壊兵器の保有を理由としたものだったが、結局、それは発見されなかった。外務省は、当時の意思決定について検証した上で、「イラクの大量破壊兵器が確認できなかったとの事実については、我が国としても厳粛に受け止める必要がある」との報告をまとめたが（http://www.mofa.go.jp/mofaj/area/iraq/pdfs/houkoku_201212.pdf）、ここでは、政府の誰にどのような責任があったのかが明確にされていない。武力行使の根拠が根本から欠けていた以上、イラク戦争は、実質的には国際法違反の侵略戦争だったと非難されてもやむを得ない。それを支持し、後方支援までしてしまった点について、日本政府も日本国民も強く反省すべきである。

今後、外国軍の後方支援をする場合には、事前の国会承認のみならず、政府・与党から独立した検証委員会の設置を義務づけたり、裁判所に合憲性・合法性の判断を求める訴訟手続きを設けたりするなど、適切な責任追及の仕組みを設けることが不可欠だ。

しかし、今回の安保法制法案には、そのような内容は全く盛り込まれていない。また、事後的な責任追及手段を欠いた状況では、国会の事前承認が政府の免罪符に使われてしまう危険もある（座談会「憲法9条の過去・現在・未来」ジュリスト1260号38頁、安念潤司教授の発言を参照）。安保法制法案に、イラク戦争の反省が全く反映されていない点は強く非難されるべきだろう。

## Ⅳ 集団的自衛権の行使容認？

以上のような問題点に加えて、今回の安保法制法案には、違憲な集団的自衛権の行使を容認してしまうものだという批判がある。非常に重要なので、節を改めて論じることにしたい。

今回の法案では、「我が国と密接な関係にある他国に対する武力攻撃が発生し、これにより我が国の存立が脅かされ、国民の生命、自由及び幸福追求の権利が根底から覆される明白な危険がある事態」（存立危機事態）にも、防衛出動ができるとされる（法案：自衛隊法76条1項2号）。これは、14年7月1日閣議決定の文言をそのまま踏襲したもので、集団的自衛権の行使を「限定」容認するためのものだといわれる。

では、集団的自衛権の行使は、どう「限定」されているのか。

## ◉1　存立危機事態の意味

重要なのは、「我が国の存立が脅かされ」るという文言の理解である。これまでの政府見解では、この文言は、日本国が武力行使を受ける事態を意味すると理解されてきた。例えば、1972年の政府見解（「集団的自衛権と憲法との関係に関する政府資料」昭和47年10月14日参議院決算委員会提出資料）は、日本国憲法の下でも「自国の平和と安全を維持しその存立を全うするために必要な自衛の措置」をとることは可能だとし、「その存立」が侵害される場合とは、日本への直接の武力攻撃のことだとしている。そうすると、存立危機事態とは、日本への武力攻撃の明白な危険がある事態を意味すると理解すべきだ。

これを、従来の自衛隊法の体系と照らし合わせてみよう。自衛隊法76条は、①「我が国に対する外部からの武力攻撃が発生した事態」および、②「武力攻撃が発生する明白な危険が切迫していると認められるに至った事態」において、内閣総理大臣が自衛隊の防衛出動を命じることができると規定する。一般に、①は「武力攻撃事態」、②は「おそれ事態」と呼ばれる。

そして、①武力攻撃事態には、①A：実際に武力攻撃を受けて被害が生じた事態はもちろん、①B：武力攻撃の着手があり、もはや引き返せない段階に入った事態も含まれる（田村重信・高橋憲一・島田和久編著『日本の防衛法制（第2版）』内外出版、2012年、121頁参照）。

例えば、①Aには、ミサイルが着弾したり、爆撃機が空爆を開始したりした事態が該当する。また、①Bには、実際にミサイルが発射されたり、爆撃機が作戦行動に入ったりした段階などが該当する。これに対し、②おそれ事態とは、武力攻撃の明確な準備があるが、いまだ攻撃を中断したり、引き返したりできる状況を言う。艦隊が集結したり、ミサイルが発射基地に運搬されたりする事態が該当する。

存立危機事態は、危険の「切迫」や「発生のおそれ」では足りず、危険が「明白に存在」していなければならない。とすれば、これは、①Bの武力攻撃への着手の段階に相当するものと理解せざるを得ない。そうすると、存立危機事態とは、外国への武力攻撃が、同時に、日本への攻撃の着手である事態を意味すると理解するのが文言上は自然である。

そうだとすれば、今回の改正は、武力攻撃への着手があった場合の防衛出動が認められることを確認するものにすぎない。また、存立危機事態の防衛出動は、他国への攻撃があるので集団的自衛権でも説明できるが、個別的自衛権でも説明できる。つまり、集団的自衛権の「限定」容認とは、個別的自衛権と重なる範囲に「限定」して容認するという意味なのである。とすれば、この点について、違憲の問題は生じないだろう（憲法と集団的自衛権の関係については、木村草太「集団的自衛権と7・1閣議決定」論究ジュリスト13号、2015年参照）。

## ◉2　閣僚たちの過度の拡大解釈

このように、存立危機事態の意味は明確で、従来の枠を超えるものではない。ところが、一部の閣僚は、存立危機事態は、日本への武力攻撃の着手がない場合でも、「日米同盟の揺らぎ」

や「オイルショックなどの経済的理由」の場合にも認定できると発言することがある。また、水島朝穂教授は、先ほど指摘した存立危機事態の文言解釈を「誤り」と断じ、一部閣僚たちの過度の拡大解釈こそが正しいとする（同『ライブ講義　徹底分析！　集団的自衛権』岩波書店、2015年、68頁参照）。

確かに、閣僚の中には、そのような意図を持つ人もいるかもしれない。また、国会での質疑応答でも、存立危機事態とはどのような状況を意味するのか、それを明確にすることをあからさまに避ける様子からは、全国民の代表である国会議員の討論を通じて、国民の理解を得ようという姿勢を全く感じられず、議会制民主主義そのものの危機すら感じる。

しかし、そもそも、閣議決定や法案の文言は、それを決定した閣僚たちの主観的な意図や誤解からは独立して解釈しなければならない。そして、閣議決定や法案の文言に違憲の疑いがある場合でも、それを憲法に適合するよう解釈できる場合には、合憲的な解釈を採用せねばならないというのは、憲法の大原則だ。もし、閣僚らの発言が、違憲な集団的自衛権の行使容認に及ぶようなことがあれば、「憲法はもちろん、自分たちで決めた閣議決定も遵守しろ」と指摘するのがスジであろう。存立危機事態の過度の拡張解釈が正しいとする水島教授の主張は、閣僚たちの暴走を権威づけるもので、「政権の暴走に結果的には手を貸す」ものではないだろうか（同書82頁参照）。

そうすると、法整備段階で重要なのは、閣僚たちを含めて存立危機事態の文言の正しい理解を共有することだ。実際、閣僚たちの文言理解は極めて曖昧であり、それを明確にさせる必要が指摘されている（森肇志「集団的自衛権行使容認のこれから―閣議決定から法制整備へ（下）」、「UP」２０１５年４月号参照）。

## V おわりに

安保法制については、ここで指摘した以外にも様々な法的問題が指摘できるし、外交・防衛政策的にも懸念される点は多い（政策的問題については、柳澤協二『亡国の集団的自衛権』集英社新書、２０１５年が詳細である）。

日本国は、民主主義国家である。民主主義国家では、国民が、選挙や世論調査を通じて政府を作り、その行動を監視し、責任を追及する役割を担う。そこでは、自衛隊員に危険な任務を命じたり、自衛隊に外国人を攻撃させたりすることについての最終的な責任も、国民に帰属する。

メディアは、安保法制を報じるにあたり、国民一人ひとりが当事者意識をもち、議論に参加できるよう、具体的な状況を示した上で、「そこに自衛隊を派遣するのが適切か」を憲法論的にそして政策論的に検討するような、きめ細やかな報道が期待される。また、今回の安保法制を議論する前提として、イラク戦争に関する詳細な検証と反省のありようをも報じるべきである。

# 「ムベンベ」から憲法へつなぐセンスオブワンダー読書案内

2014年9月

## はじめに

誰だったかは忘れたが、昔の偉い哲学者だか文豪だかが、こんな言葉を残している。

「驚きのない読書はただの睡眠薬か精神安定剤である」

自分で書いておいてなんだが、こんな言葉を残した偉い人はいないかもしれない。しかし、誰が言ったか、また、そんなことを言った人がそもそもいるのか、という問題を超えて、この言葉は示唆的であると思う。

私は、読書がどうも苦手である。

いや、研究者は本を読むことを主な仕事にしているのだから、それは言い過ぎだ。正確には、読書一般ではなく、読みながら「だからなんだよ」とか「退屈だなあ」と思ってしまう読書が苦手なのである。

もちろん、どんなにつまらなく感じても、「偉い先生」の書いたものは我慢して最後まで読み通すべきだ、という意見もあるだろう。また、諸般の事情で、いやでも読み通さなくてはならない本もある。しかし、それでは読書は単なる苦行になってしまう。

思うに、読書を続けるためには喜びがなくてはならない。

では、読書の喜びとは何か。

「偉い人の書いたものを読んでいる自分が好き」という人が多いのも事実だ。また、「自分の思っていたことをそのまま後押ししてくれるような、共感できる本が好き」という人もかなりいる。はっきり言って、そういう人々に言うべき言葉を私はもっていない。どんどん「偉い人の本」や「共感できる本」を読み続けて頂きたい。

では、そうでない人は何を求めているのだろうか。

おそらく、これまで自分が知らなかった世界、考えもつかなかった思想に触れること、要するに、センスオブワンダーであろう。

冒頭の警句が指摘する通り、センスオブワンダーを欠いた読書は、睡眠薬か精神安定剤にすぎない。

とすると、本を選ぶときに最も重視しなくてはならないのは、「その本からセンスオブワンダーを受け取ることができるかどうか」であり、本を読むときに最も注意しなければならないのは、「いかに、その本から、センスオブワンダーを受け取るか」である。

## 1 ムベンベこそジャーナリズムの魂である

さて、センスオブワンダーという鍵概念を提示した以上、話は高野秀行『幻獣ムベンベを追え』（集英社文庫）から始めなくてはならない。

「世界なんてそんなものさ」と達観したつもりになっている現代人にこそ必読の書である。誰もが知る名著を紹介するのは読者に失礼かもしれないが、この作品は万が一にも知らない人が居てはならない。本がボロボロになるまで読んだ、という人も、しばしお付き合い願いたい。

本書は「誰も行かないところへ行き、誰もやらないことをやり、誰も書かない本を書く」をモットーとする高野の、記念すべき第一作である。

コンゴの奥地テレ湖に、謎の怪獣モケーレ・ムベンベが棲んでいるという噂を聞きつけた高野は、早大探検部を率い、テレ湖でキャンプをはる。そして1カ月もの間、湖の監視を実行するのだ。

文字にしてしまえばたった87文字だが、この旅は困難を極める。

まず、アフリカの地は遠く、マラリアなどの風土病にも気を使う必要がある。さらにジャングルの奥地へ探検するには、相当な装備と現地の人の協力が必要である。

「ジャングルには脅威がいっぱいだ」と言われると、虎だのライオンだの毒蛇だのと、猛獣龍蛇に魑魅魍魎《ちみもうりょう》を思い浮かべるかもしれない。しかし、そういう生き物との遭遇はジャングルでも稀である。

むしろ、ジャングルの旅で一番しんどいのは、ちっぽけな虫たちなのだ。蚊やハエはもちろん、時には蝶にすら襲われ、うっとうしいことこの上ない。

と、このような調子で、高野と早大探検部の偉業が綴られる。多くの人は、『幻獣ムベンベを追え』を読んで、驚き呆れることはあっても、「こんなこと知ってたよ」という感想は持てないはずだ。この本が、センスオブワンダーに溢れるものであることは、もはや解説の必要もないだろう。

もっとも、この本の魅力は、怪獣とかジャングル探検といったロマン溢れるテーマにとどまらない。

高野の姿勢が魅力的なのは、現地の人々の伝統や価値観を尊重し、「現地の世界観に入り込まなければ、ムベンベという現象は理解できない」という姿勢を貫くからなのだ。

そこには、他人の迷惑を顧みない自分勝手な好奇心はない。

これは日本を代表するジャーナリスト、神保哲生の名著『ツバル——地球温暖化に沈む国（増補版）』（春秋社）に示されたジャーナリズムの姿勢にも共通する。

つまり、対象への敬意をもったうえで、未知の世界に触れたい、それを知りたい、伝えたい、という純粋なジャーナリズムこそ、本書の魅力なのである。

「そもそもジャーナリズムとは何なのか」という根本を考えさせる名著として、ぜひ若い人に語り継いでいってほしい。そして、ムベンベはいたのか、またそれは何だったのか、が純粋に気になる皆さんは、可及的速やかに書店に足を運んで頂きたい。

## 2 国家論を明晰に語る驚き

つい、熱くなってしまったが、未知の怪獣として名高いのはモケーレ・ムベンベだけではない。怪獣の話をするなら、地上に並びない最強の海獣リヴァイアサンについて論じないのは失礼だ、と考える読者は多いだろう。

そこで紹介したいのが、長尾龍一『リヴァイアサン——近代国家の思想と歴史』（講談社学術文庫）である。

長尾は日本最高の法哲学者の一人であり、長年、東京大学教養学部で教鞭をとった。講義に学外のファンが詰めかけ教室の前方を占拠するため、さらに長尾先生の声が小さいため、極めつきは水曜1限であるため、並の東大駒場生が講義を聴くのは至難の業だったという伝説もある。

この本で長尾は、歴史的な巨匠、ケルゼン、シュミット、ホッブズの議論を比較しながら、

「近代国家」というコンセプトについて論じる。

国家論とは、法学・政治学・歴史学などを総合した上で論じる学問領域である。あれこれ論じなければならないので、とかく複雑難解になりがちである。また、インペリウムとか代表とか革命とか、明確に定義されるのは稀だが、とにかく格好のよい言葉が多数登場するため、そもそも書いている本人が理解しているのかも怪しい「それっぽい議論」が横行している。

そんな傾向に反して、この本は、定義を明確にし、前提とされた価値観を開示した上で、明晰な議論を展開する。「国家論の領域で、これほど明晰な議論が展開できる」ということ自体が、この本がもたらすセンスオブワンダーである。

長尾のテーマと結論は、いたって明快である。要するに、「世界の部分秩序である国家を、『主権』という、唯一神の『全能』の類比概念によって性格づける国家論は、基本的に誤った思想であり、また帝国の『主権国家』への分裂は、世界秩序に責任を持つ政治主体の消去をもたらした、人類史上最大の誤りではないか」というものである（同書7頁）。

特に、この本の第Ⅰ部「国家の概念と歴史」は、最高の近代国家論入門であり、近代国家に暮らす人々（要するに全人類）にとって必読である。

報道において、国際政治の分析、国内政治への批判的検証が不十分になりがちな原因は、「近代国家」についての十分な概念理解を欠いていることにある。

国家について何かを語ろうとするなら、何はともあれ、この名著を手に取ってほしい。そして、この本で長尾のファンになってしまった人は、同じく講談社学術文庫所収の『法哲学入門』、『日本憲法思想史』へと進んでほしい。そこには、長尾にしか書けない、分かりやすくユーモアに富んだセンスオブワンダーがある。

## 3 古典を読むにはノートが必要である

さて、『リヴァイアサン』の本家は、もちろんホッブズである。

ホッブズは、領域内の暴力を独占し、強力無比な権力を握る近代国家を、聖書に登場する最強海獣・リヴァイアサンの名で呼んだ。

当然、ホッブズ『リヴァイアサン』(最近、岩波文庫版の翻訳が再版され、手に入りやすくなった)を手に取って読んでみたいと考える人もいるだろう。また、ロック『市民政府論』とか、プラトン『国家』といった、他の政治学の古典にも手を広げたいと思う人もいるだろう。人類に受け継がれてきた名著であり、どれもお勧めである。

ただ、こうした古典的著作は、現代日本人向けに書かれたものではないので、それなりの準備をしないと内容を理解できない。もっというなら、だいたい古典というのは、不明確だったり、回りくどかったりして、読み流しただけでは何が何やら分からないものなのだ。

「古典を読んでいる自分が好き」とか、「自分が気に入ったフレーズだけ記憶にとどめたい」

というのなら、まぁ、好きに読めばいい。

しかし、古典からもっと何かを得たいと思っているなら、それなりの技術が必要である。私がこの手の本を読むときにお勧めしたいのは、「きちんと線を引いて、ノートにまとめる」という読み方である。

では、古典をノートにまとめるには、どうしたらよいだろうか。

基本はいたってシンプル。小学校以来の教育の通り、段落ごとにまとめるのである。例えば、プラトン『国家』には、次のような一節がある。

> 正しい人々のほうが、知恵においても徳性においても実行力においてもまさっていて、これに対して不正な人々のほうは、共同して行動を起こすことすらできないということが明らかである。いや、もしわれわれが不正な人々がかつて何ごとかを共同して強力になしとげたというようなことを主張するとすれば、それは決して全面的に真実を語っていることにはならない。なぜならば、もしもそういう人々が純粋一途に不正な者ばかりだったとしたら、お互いに手を出しあわずにはいなかっただろうからね。彼らの内には何ほどかの〈正義〉が存在していたことは明らかであり、その〈正義〉こそが彼らをして、自分たちが襲う相手に対してはたらく不正を、同時にお互いに対してまでも向けることを控えさせ、かくてこの〈正義〉のおかげで彼らは、当面の行動を果たすことができたのだ。（プラトン

『国家』岩波文庫、102、103頁）

このように回りくどい内容を、ノートに「悪事であっても、人々が協力するにはお互いの尊重（＝〈正義〉）が不可欠だ。（103頁）」とメモする。

全段落を1行ずつにまとめたノートを作れば、古典の内容はしっかり頭に入り、見直しも一瞬でできる。

そもそも、古典は古典なだけあって、鋭い洞察や常人では考えつかない思想を示しているから、たまたま気に入った一節を心に留めるだけでも、それなりに有意義なのは確かだ。しかし、まとめノートを作るという読書のひと工夫で、「驚くほど」深い理解に到達できるのだ。「さっぱり意味の分からなかった古典が理解できた」という体験は、まさにセンスオブワンダーである。というわけで、古典に本気になったら、お気に入りのノートとペンを傍らに置くのがお勧めである。

## 4　法学入門と逐条解説

ところで、プラトン『国家』は、古典にしてはずいぶん読みやすい。それはなぜかと言えば、「対話篇」という形式のおかげであろう。

会話形式で書かれているので、一方的にプラトン（ソクラテス）の立場が押しつけられるのではなく、トラシュマコスら生き生きとした登場人物が、的確に反論・疑問をぶつけていく。ちなみに、私が専攻している「法学」という領域は、極めてハードルの高い世界である。専門用語が飛び交い、難解な概念の理解が要求される。

一方的に知識を述べるだけでは、よほどの記憶力の持ち主でない限り、謎の呪文の羅列に嫌気がさすことだろう。読者を置いてきぼりにしないためには、だれかに適切に疑問を提起したり、反論を入れたりしてもらう必要がある。

プラトンを見習った対話篇の法学入門があればいいのになあ、と私は昔から思っていたのだが、いくら探しても見当たらない。欲しい本がない時、どうすればよいか。自分で書くしかない。そうして生まれたのが拙著『キヨミズ准教授の法学入門』（星海社新書）である。

この本では、法的三段論法の構造とか、法解釈とは何かとか、法学の歴史とか、かなり抽象的で、すぐには役に立ちそうもないテーマを扱っている。

普通の人はなかなか興味を持ってくれないが法学入門には必須、というテーマばかりだ。こうした話題を、何とか読んでほしい、しかも楽しんでほしい、という気持ちで書いたものなので、法学に苦手意識のある人、興味はあるけど難しそうだなと敬遠してしまっている人は、ぜひ手に取ってみてほしい。この入門書を読んで頂ければ、法を運用するための基礎的な知識を身につけて頂けると思う。

もっとも、法的三段論法や法解釈基礎論だけでは、実際の法運用はできない。

では、具体的な法的問題に遭遇した時、何を読めばよいのだろうか。

関連する法律の条文を読まなければならないのは当然だろう。例えば、集団的自衛権と憲法の関係について検討しようとすれば、国連憲章51条や日本国憲法9条、13条、65条、73条を読まなければならない。

しかし、法律の条文は、それを単独で読んでも内容が理解できないことが多い。また、過去の判例や学説を知っていないと、十分に意味がとれないものである。そんなわけで、条文を読むときには、併せて適切な解説に目を通して頂きたい。

最初に読むべきは、法律の条文ごとにその内容を解説したコンメンタール（逐条解説）と呼ばれる解説書で、各社からシリーズで出ている。

関係する法律の条文番号がわかっていれば、とりあえずその条文の箇所だけでも目を通すと、短時間でかなり深い理解に到達できるだろう。ちなみに、日本国憲法については、『新基本法コンメンタール　憲法』（日本評論社）がもっとも編集年が新しい。

私は、ジャーナリズムの方から憲法条項についての意見や質問を頂くことがあるが、「頼むから、コンメンタールを読んでから来てください」と言いたくなることもしばしばある。

「何も知らない一般読者にも分かりやすいように、事前知識をもたない」というのも一つのポリシーではあろうが、なんの見取り図もなしに話を始めるのは、体系性の強い法学ではしんどいことが多い。私以外の法学者も、同じ思いを抱いたことが一度や二度ではなくあるはずである。必ずしも法学を専門としないジャーナリストや学生の方も、コンメンタールという書物の存在を知っておいて頂ければ幸いである。

## 5 憲法の本

さて、最後に、私の専攻する憲法についての本を紹介したい。

憲法は、人々の人権を守るべきことを宣言し、権力に権力分立や手続きの枠をはめ、国家権力が越えてはならない一線を規定する。では、権力が憲法を蹂躙しようとしたとき、人々はどうすれば良いのだろうか。

まずは、「憲法違反ですよ」と指摘しなければ、何も始まらない。しかし、現に憲法違反をしようとしている権力者が、そんな忠告を素直に聞くはずもない。かといって、普通の市民には、権力者を従わせる強制力などない。警察にお願いしても、悪い権力者を逮捕してもらうなんてことはなかなかできない。

だとすれば、市民の武器は、強制力ではなく教養である。権力者に憲法を遵守させるには、市民の側が憲法を学び、「憲法を守らないとどんな悪いことが起きるのか」を分かりやすい言葉で説明できるようにしておく必要がある。市民が賢くなれば、悪事を働く政治家は表舞台には出てこられないはずだ。

そのための必読書として、長谷部恭男『憲法学のフロンティア』（岩波人文書セレクション）を挙げておきたい。冒頭、信教の自由という極めて重要な憲法上の権利の解説があり、政教分離原則の趣旨、プライバシーの意味、知る権利の重要性、そしてサルティンボッカの作り方と、盛りだくさんの内容になっている。

そもそも憲法学とは、「法秩序と暴力の境界線」というギリギリの緊張感が溢れた領域を研究する学であるから、とかく重い気分になりがちだ。しかし、長谷部の軽快な筆さばきを見ていると、気が楽になってくるから不思議である。

「憲法教養としてはこの一冊で十分」と言いたいところだが、憲法はそれなりに奥が深くややこしい。「もっと知りたい」と思う方も多いだろう。近年は、憲法に注目が集まる事件が多く、テレビでも憲法の解説が溢れている。ところが、テレビの1分はこの上なく貴重で、問題を端的に伝えるスローガンを伝えるだけで精一杯である。

というわけで、そこでは伝えられない憲法論については、拙著『テレビが伝えない憲法の話』（PHP新書）がお勧めである。この本は、「経済原理に支配されたテレビメディアの伝えない真実」を告発するような勇ましい陰謀論ではなく、大学で習うような極めて普通の憲法の本である。極めて普通の憲法の内容をタイトルにすると「テレビが伝えない」になってしまうという状況は、まさにセンスオブワンダーである。

# おわりに

私は、ここに紹介してきた本が、どれも一級品であることに自信がある。しかし、読書が優れて個人的なものであり、どんな名作であっても、その人の人生経験や気分・体調・興味によっては、ちっとも面白く感じられないこともあるのもたしかだ。

だから、読書をする際には、「今、その本を読むべき状態にあるか」を慎重に判断してほしい。

もし、一生の友となるべき本を、たまたま機嫌が悪い日に手に取ってしまい、「この本は駄本だ」と感じてしまったとしたら、その損失は計り知れない。

だからこそ、時には「面白そうな本だからこそ、あえて我慢する」姿勢も重要だと思う。

私は、コニー・ウィリス『ブラックアウト』が、最上級のセンスオブワンダーをもたらすことを知っている。読んだことがないにもかかわらず、私はそのことを知っているのだ。忙しい時、気分が乗らない時に、この作品を手に取ることは、作品への冒涜である。だから私は、この傑作の世界に没入できる日が来るのを待っている。

というわけで、ぜひ、読者の皆さんには、読書を心の底から楽しんでもらいたい。世の中には、睡眠薬や精神安定剤として接するのが失礼にあたるような、すばらしい本が溢れているのだから。

◉「センスオブワンダーを身につけるための10冊」木村草太選

高野秀行『幻獣ムベンベを追え』（集英社文庫）
神保哲生『ツバル――地球温暖化に沈む国（増補版）』（春秋社）
長尾龍一『リヴァイアサン――近代国家の思想と歴史』（講談社学術文庫）
ホッブズ『リヴァイアサン』（全4冊）（水田洋訳、岩波文庫）
プラトン『国家』（上下巻）（藤沢令夫訳、岩波文庫）
木村草太『キヨミズ准教授の法学入門』（星海社新書）
芹沢斉・市川正人・阪口正二郎編『新基本法コンメンタール　憲法』（日本評論社）
長谷部恭男『憲法学のフロンティア』（岩波書店）
木村草太『テレビが伝えない憲法の話』（ＰＨＰ新書）
コニー・ウィリス『ブラックアウト』（大森望訳、早川書房）

# III

# 哲学と憲法学で読み解く民主主義と立憲主義

## ——國分功一郎×木村草太

**國分功一郎**
こくぶん・こういちろう

1974年千葉県生まれ。東京大学大学院総合文化研究科博士課程修了。博士(学術)。高崎経済大学経済学部准教授。専攻は哲学。

著書に『スピノザの方法』(みすず書房)、『ドゥルーズの哲学原理』(岩波書店)、『来たるべき民主主義』(幻冬舎新書)、『暇と退屈の倫理学 増補新版』(太田出版)、『近代政治哲学』(ちくま新書)など。

# 哲学と憲法学で読み解く民主主義と立憲主義

## ——哲学篇

2014年8月

國分功一郎

### 7・1 「閣議決定」と集団的自衛権をどう順序立てて考えるか

今日はこのようなすばらしい場にお招きいただきましたことを心から感謝いたします。[*1] 公民館の職員の皆さん、本当にありがとうございます。また木村草太さんからはいつも知的刺激を受けておりまして、今日こうしてお話しできることをとても楽しみにしてまいりました。ただ、他方で大変緊張もしております。

今日、部屋に入りきらない程の方々が公民館にお越し下さったということがその理由の一つです。これだけの数の方々を前に話をするということで非常に緊張しています。でも、それだけではありません。今日これから扱おうとしている話題は、今の日本政治の先端部にあるものです。これについては実にいろいろな意見の方がいらっしゃるでしょう。ですので、この問題について発言することそのものが大変な緊張を強います。

また、それだけでもありません。実は現在、これは非常に懸念されるべき事態ですけれども、公民館などで政治におけるホットな話題を扱うということ自体がどうも忌み嫌われつつあります。公共機関で政治の話をするのを避けようという雰囲気がなんとなく作られつつあるのです。すぐ隣の国分寺市で、憲法をテーマに活動をしているグループが、これまで毎年参加してきた国分寺まつりへの参加を拒否されるという事件がありました。「政治的」であるものはお祭りには入れられないという理由のようです。

少し前には、さいたま市内の公民館が発行する「公民館だより」が、「梅雨空に『九条守れ』の女性デモ」という俳句の掲載を拒否した事件もありました。「公民館だより」はそれまで、毎号、俳句サークルに小さなスペースを提供していたんですね。これまでは、そこに会員互選で選ばれた一句を掲載してきたのに、この俳句については「載せられません」と言ってきた[※なお事件の約一年後、この句の作者は、さいたま市を相手に、公民館だよりへの掲載と精神的苦痛に対する損害賠償を求めて訴訟を起こした]。

こうした事件が起きる時、決まって「政治的」という言葉が出てきます。とても奇妙な言い方です。政治というのは皆に関係することですから、むしろ、皆で積極的に関わっていかねば

＊1――第Ⅲ部の原稿は、2014年8月31日、東京・国立市公民館主催で開かれた「『図書室のつどい』　哲学と憲法学で読み解く民主主義と立憲主義」（國分功一郎、木村草太）の講演、対談をもとに構成したものである。

ならないはずです。

一応僕らは今、民主主義の社会を生きていることになってますけど、民主主義というのはやや乱暴なところがあって、ある一定の条件を満たすと勝手にメンバーにさせられるんですね。大人になっていて、国籍を持っていて等々の条件を満たすと「あなたも必ず参加してください」となる。これはもちろん大切なことなんですけれども、ある意味では、大変な重荷でもあります。全員に責任が付与されるわけですから。

ならば、むしろ公共機関こそが率先して、意見が割れている「政治的」問題を知り、理解し、それについて考えるための機会を積極的に提供しなければならないはずです。公共機関だから政治的なことに関われないなんていうのは本当におかしなことです。

日本だとあまり話題になっていないんですけれども、スコットランドの独立を問う住民投票というのが9月18日にあります［※その後、投票が行われ、独立は否決された］。僕は結構注目しています。UKからスコットランドが独立するかもしれないなんて、驚くべき住民投票ですね。因みに、独立派は中高年が多くて、若い人は反対だっていう話です。つまり若い人はそんなことどうでもいいと思ってるみたいなんですが（笑）、それはさておき、これは完全に国を二分している話題ですね。

僕は自宅でCS放送のBBC（イギリスの公共放送）に加入しているんですけど、ニュースを見ていると、国を二分しているこの話について、ものすごい議論しているんですよ。でも、それって当たり前ですよね。国を二分する話題だからこそ徹底的に議論するのが当然です。それなのに今、日本では、意見が割れている話題だから扱わないという雰囲気が強まっている。本当におかしな事です。ですから、今の日本で意見が割れている話題について、こうして公にお話できる機会をいただけることに、僕は大変感謝しています。これからもずっと続けていただきたいと思います。最初にこのことをはっきりと述べておきたいと思います。

## 政府はなぜ憲法解釈の変更をしたいのか？

さて、事前の打ち合わせで木村さん、そして公民館の方とかなりやりとりをしまして、タイトルもじっくりと考えて決めました。「哲学と憲法学で読み解く民主主義と立憲主義」というのが今日のテーマになります。

このテーマが選ばれたきっかけとしては、今年（２０１４年）の7月1日に行われた、一般に「解釈改憲」と呼ばれている閣議決定があります。この閣議決定にはいかなる意味があるのか、これをどう考えればいいのか。それを憲法の視点と哲学の視点で読み解き、そこから広く、民主主義と立憲主義について考えようというのが今日の主旨です。

この主旨はすばらしいんですけれども、私にとっては困難もありまして、どういう事かと申しますと、この問題を憲法学で読み解くのはすごく真っ当な感じがしますが、哲学で読み解くのはどうすればいいのかということなんです。

僕もテレビでニュース解説とかやっているので、この件についてしゃべりたいことはたくさんあるんですが、その際に「哲学」というものをどう背負ったらいいのか、すこし考えました。そしてこんなことを考えました。

哲学というのは論理によって概念を扱う学問です。論理的に様々な概念を論じ、それを巡る議論を整理するのです。ならば、この「解釈改憲」と呼ばれている事件についても、同じことをしていけばいいのではないだろうか。つまり、概念を使いながら、論理的に議論を整理していく。

議論を整理していく時に重要なのは、どういう順序で現状を見ていくべきかということです。順序、これがとても大切になります。僕は僕なりの順序を今日皆さんにご紹介したいと思います。

順序が大切というのはどういうことかと言いますと、別に揶揄《やゆ》するつもりはありませんけれども、この話題になるとしばしば、「戦争反対」とか「戦争が起きる」という言い回しがまず最初に出てくるんですね。

そういう言い回しがリアルな感触をもって世の中で語られているという事態は軽視できないことです。しかし、現状を分析し、議論を整理し、順序立てて考えていくためには、多分そこから入るのはよくないだろうというのが僕の考えなのです。だからどういう順序で物事を整理すべきかを考えます。これが一つめの課題です。

もう一つの課題は、この件に関して何度も取り上げられている「民主主義」や「立憲主義」という言葉、あるいは難しく言うと「概念」ですね、これをある程度定義して、それにまつわる問題を僕なりに皆さんに提起することです。この二つの課題を試みたいと思います。

さて、7月1日、政府は「閣議決定」という形で、現行の憲法のもとでも集団的自衛権の行使が限定的に容認されるという解釈を示しました。「示した」といっても閣僚たちがどこかの部屋に集まって、15分ぐらいで何か文書にサインしたということなんですね。

その法的地位というのは曖昧なんですが、簡単に言えば、「政府はこれからこういう考えで法律をつくっていくからよろしくね」という宣言のようなものです。国会で制定された法律とは全く性質が異なります。

これに関して、僕は二つの視点で見ていきたいと思います。なぜ二つあるのかについては後で説明します。

まず考えないといけないのは、なぜ今の政府が、集団的自衛権の行使を認めるような憲法解釈の変更をしたいのか、したかったのかということです。

なぜこれをやりたいんでしょうか？　それがわからないと事態が見えてこない。結果として予想されることをただひたすら批判しても、どうしてこういうことをしたいのかがよくわからなければ、いま起こっていることの全体像は見えないのです。

では、それをどうやって考えていったらいいだろうか。

先ほど申しましたとおり、閣議決定というのはある種のポリシーの確認にすぎません。では、この後に何をやるかというと、このポリシーに沿って法律をつくっていくわけです。あるいは、今ある法律を変更していく。つまり、今の政府が言うところの「集団的自衛権」が行使できるような法律を整備していく。

でも、そうやって考えていくと、「あれ?」という感じがしてくるんです。これから法律をつくって何かをやるというのなら、別に今の憲法のままでいろいろ法律を作ればいいのではないかという感じがしてくるわけです。

## 解釈改憲に向かう憎悪とロジック

日本の近隣で何か有事が起こるかもしれないから、それに備えなければいけないということがまことしやかにささやかれています。

少し前にあったイラクへの自衛隊派遣のことをちょっと思い出して下さい。随分もめましたが、「非戦闘地域なら戦闘してないんだから、戦争中じゃない。だから、そこには自衛隊は送れる」というこじつけのような理屈をつくって、自衛隊を遥か遠くのイラクにまで派遣しました。

２００３年の小泉政権のときでしたけれども、さんざんもめました。で、あのときも、一応、これまでの憲法９条の解釈は守っているんです。

この解釈は60年間ずっと守られている。元内閣法制局長官の阪田雅裕《まさひろ》さんへのインタビュー（「阪田雅裕さんに聞いた（その１）」http://www.magazine9.jp/article/konohito/10994/）で、法学者の南部義典《よしのり》さんが、《これまでは太りはしたけどなんとか９号サイズのスカートをはき続けていた、周りから見たら「いつかはち切れるよ」という感じではあるんだけど、でもとにかくサイズは変えてなかった》と、面白い言い方でこれを説明しているんですが（笑）、とにかくちょっとむちゃかもしれないけれども、一応解釈は変えないでやってきたと。

これは本当にこじつけですよ。こじつけですけれども、一応憲法解釈を守るためにそういうことをやったわけですね。

そんなこじつけをしてまでイラクなんてあんな遠いところに自衛隊を送った経験があるのだったら、日本の近隣諸国で有事があった時に備えて法律を整えておくということなど簡単なはずです。また世論の支持も得られるでしょう。

つまり本当にそうした有事に備える必要があるならば、今すぐにでも法律を作ればいい。邦人輸送ということがやたら言われていましたが、邦人輸送のための法律を作ればよいのではないでしょうか。なぜ作らなかったのでしょうか。

「安全保障環境の悪化」というのが決まり文句になっていますが、本当に危ないのだったら早く法律を作って対応しなければならないのではないですか。そもそも、集団的自衛権というのは、自国の防衛力強化と関係ありませんね。他国が攻撃を受けている際、自分は攻撃を受けていないのに反撃するというのが集団的自衛ですから。

こう考えると、安全保障を考えているように見えて、それを少しも考えていないのが今の流れではないかということになる。

他方で、現行の憲法解釈においても集団的自衛権は〝限定的に〟行使できるというのが、今回の閣議決定の内容だったわけですけれども、これが本当に集団的自衛なのかどうかよく分からない。

というのも、日本に対する武力攻撃の明白な危険がなければ行使できないというのがこの「限定」の意味なんですが、これは普通に個別的自衛の対象であるわけです。日本は、憲法9条のもとでも個別的自衛権は行使できるって解釈でずっとやってきているわけですから、それだったら別にこんな限定的行使の容認など不要です。

するとこういう疑問が出てきます。一部のメディアや一部の世論は、「日本を守るために集団的自衛権行使容認が必要だ」と主張していました。なぜそうしたメディアや世論は今回の閣議決定を「これでは足りない」と批判しないのでしょうか。

この「限定」がそのうちどんどん拡大されていって大変なことになるという危険ももちろんあります。しかし、それよりも前に、別にこれだったら個別的自衛権でいいじゃないか、そもそもなぜ政府はこのような半端なものを認めたのかという疑問が出てこざるを得ない。繰り返しますけど、「集団的自衛権が必要だ」と言っていた人たちはなぜ今回の決定を批判しないのか。

## 改憲が自己目的化する理由

まとめるとこうなります。安全保障のことが問題だと言いながらも、安全保障のことはないがしろにされている。集団的自衛権が必要だと言いながら、出てきたものは集団的自衛権なのだかよく分からないものになっている。結局何がしたいのでしょうか。筋が通っていない。しかし、ある観点からみると筋が通っているんです。どういうことかというと、ここにあるのは「とにかく改憲したい、改憲してみたい、改憲できないならせめて解釈だけでも変えたい」という欲望だということです。つまり、安全保障上の問題があるから改憲の話が出てきたのではない。改憲したいから、世論が反対しにくい安全保障の話題が使われたんです。

思い出してください。わずか1年半前には、憲法96条を変更して改正をしやすくするという話がありました。あのときに首相は「憲法を国民の手に取り戻す」というスローガンを打ち出していた。それはどこに行ってしまったのでしょうか。

あのスローガンを信じていた人などいなかったとは思いますが、それにしても1年半後にはそんなものはなかったかのように「解釈改憲」を進めるわけですから、露骨すぎます。96条を変えるというのは、改正の条件を変えるという裏技のような話でした。ですから、総スカンを食らった。

また、国民投票の法整備はできたけれども、それを実施できそうな雰囲気もない。だったら、もう形式はいいから解釈だけでも変えたい……。こういう風に話が進んできて今に至っているのです。

これもよく木村さんと話をするんですが、「こういうことをしたいが、憲法があってできないので、憲法を変えたい」ということなら、堂々とそれを選挙で訴えればいい。本当にそれが必要ならば、有権者は憲法改正について真剣に考えるでしょう。

ところが、今回の解釈改憲を通じて見えてくるのは、単に「とにかく変えたいんだ！」という欲望だけなのです。とにかく変えたいという気持ちだけがあって、理由は後から探してきている。そう考えないと説明がつかないし、そう考えると説明がつく。

言い換えれば、これは改憲が自己目的化しているということです。何かのために改憲するのではなくて、改憲自体が目的なんです。それにしても、なぜ、憲法を変えるなんてことが自己目的化するのでしょうか？

もちろん、こう考えるほかありません。すなわち、彼らは戦後の憲法体制、あるいは今の憲法そのものに対する憎悪のようなものを抱いているということです。「戦後の憲法体制がとにかくイヤだ、だから変えたいんだ、とにかく変えたいんだ、何のためにとかじゃなくて、とにかく変えたいんだ」ということです。

これはある意味では訳が分からない。でも、僕は何となく分かる感じもします。というのも、彼らは憲法そのものじゃなくて、憲法を透かして別の何かを見ているのです。

それは具体的には「護憲！　護憲！」と叫んでいた人たちの顔かもしれないし、抽象的には「戦後民主主義」と呼ばれているもの、あるいはそのような意識かもしれない。とにかく憲法を透かして見ているその何かに対する強力な憎悪があって、それが「とにかく憲法を変えたいんだ！」というメンタリティを生み出している。それによって、むしろ安全保障などがないがしろにされているというのが実情ですね。

以上が、「解釈改憲」を分析するための一つめの視点です。簡単に言うと、戦後の憲法体制に対する憎悪が、「とにかく憲法を変えたいんだ」という気持ちをブーストしている、と。

ここで、もう一つの視点の方に移りましょう。

ここでは、先の場合とは異なり、本当に集団的自衛権が欲しい人たちのロジックが問題になります。政治というのは決して一つの傾向、一つの欲望で動くものではありません。今回の「解釈改憲」のきっかけを作ったのは、先に説明した欲望です。けれども、そうやって流れが作られると、そこにいろいろな人が相乗りしてくるわけですね。この場合だと、本当に集団的自衛権が欲しいと思っている勢力が、これはチャンスだと考えはじめた。

1991年の湾岸戦争の際、日本は130億ドル（約1兆7千億円）もの金を拠出しました。ところが、それでも「カネだけ出して人は出さないのか」という非難を受けた。どうも外務省にはそのことについての恨みのような気持ちがあるようです。すると、きちんと集団的自衛権というものができるようにして、武力を使った国際貢献にも参加したい、多国籍軍にも参加したい、だからそういう国にしようという話になる。そういう勢力には、先に言った「とにかく改憲したい」人たちは利用できるわけですね。

僕は先ほど、集団的自衛権そのものではなくて改憲を欲望する人たちの話をしました。しかし、だからといって、集団的自衛権を行使したい人たちがいないなどとは思っていません。彼らの場合には、とにかく「集団的自衛権」という6文字を認めさせることが重要で、あとは少しずつ制限の枠を広げていけばいいと考えているのかもしれない。

実際に小競り合いみたいな形で戦争状態をつくってしまい、改憲のハードルを下げるということも考えられます。それを使って一気に改憲するというわけです。僕は「いくらなんでもそれはないかな……」とも思っていますが、集団的自衛権というのを本当に欲しい人たちは、そこまで考えているかもしれない。

今まで70年間日本の政府が維持してきた解釈、すなわち、「自衛権は放棄していないのだから個別的自衛権は行使できる」のだということの解釈そのものの評価は僕には難しいです。そんなに変なものではないという気もしますし、他方で、そういう解釈でやっていたから結局ずるずると今回のような事態を招くことにもなったのだという気もします。

いずれにせよ、憲法の文面を見たら、個別的自衛権はともかく、集団的自衛権を行使できないのは明らかなので、ずるずる解釈を拡大していって条文が空文化するという事態は大変心配です。とにかく、集団的自衛権を行使したいのならば改憲しなければならないし、改憲していないのならそれは行使できないと、これだけはきちんとここで確認しておきたいと思います。

## 民主主義と立憲主義はどういう関係にあるのか?

ここから少し、概念の話に入っていきたいと思います。

ここのところ、急に耳なれない言葉が注目を集めています。それが「立憲主義」という言葉です。

これは憲法学者や政治学者でもなければ、知らなくてもおかしくない言葉だったと思います。そんなによく口にするものでもない。憲法がある国では当たり前の原則でしたし。でも、それが突然注目を集め始めた。特に今年に入ってからだと思います、この1年ぐらいです。

きっかけは、集団的自衛権の行使容認をめぐる憲法解釈について、首相が「私が最高責任者だ」と言ったあの発言であったと思います。今年2月の衆議院予算委員会での発言です。もちろんこれはむちゃくちゃな発言です。いかなる権力も憲法によって制限されねばならないというのが立憲主義の考え方ですが、それを反故《ほご》にするような発言ですから。

しかし、この発言を支えている気持ちというのは想像できる。それはつまり、「自分は民主主義的な手続きを経て選ばれているのだ。なぜその自分が決めてはいけないのか」という気持ちですね。非常に稚拙なものです。しかし、これは想像できなくはない。

この発言に反映されている気持ちは、民主主義を背景にした、権力の制限への反発として位置づけることができるでしょう。そして、まさしく、民主主義を背景とするこのような権力の暴走を抑えるために立憲主義という考え方があります。

簡単に言うと、民主主義的な手続きを経たとしてもできないこと、やってはならないことがあるという話です。例えば、人種差別を合法化するような法律を、民主主義的な手続きを経てつくることは一応できますけれども、それは憲法で否定されてしまうわけです。

だから、たとえどんなに民衆が望んでも、憲法の決まりによって「それはだめです」と言われることがある。民衆が〈下から〉権力を作り出すのが民主主義という仕組みであるとしたら、それに対して、「そこまではやってもいいけど、これ以上はだめです」と権力に〈上から〉制限を課してくるのが立憲主義という仕組みであるわけです。

憲法学者の長谷部恭男先生が『憲法とは何か』（岩波新書）の中で立憲主義を、広い意味と狭い意味の二つで説明されています。

広い意味では、立憲主義とは「法の支配 rule of law」である。つまり、誰かが支配するんじゃなくて、法が支配するということですね。この意味では立憲主義は古代ギリシャにもあると言えます。

他方、こちらの方が一般的な用法だと思いますが、狭い意味では、硬性の憲法典で権力に制限を課すという思想や仕組みを指しています。こちらの方は長谷部先生が『憲法と平和を問いなおす』（ちくま新書）の中で分かりやすく説明されていますのでいくつか引用してみましょう。「民主的な手続きを通じてさえ侵すことのできない権利を硬性の憲法典で規定」しておく（62頁）。つまり民衆がどれほど望んだとしても、この権利だけは侵されませんということをあらかじめ憲法で規定しておく。

長谷部先生がおもしろい例を挙げていて、これは、飲み屋に車で行ったとき、「飲んだら帰りはきちんと代行を頼むから」って言っていたとしても、念のため車のカギは酒を飲まない人に預けておく、そういう発想である、と。

もうすこし引用しますと、「民主的手続きが、本来、使われるべきでない目的に使われれば、きしみが生ずることは明らか」（61頁）。だから、「民主主義が良好に機能する条件の一つは、民主主義が適切に答えを出しうる問題に、民主主義の決定できることがらが限定されていること」（41頁）である、と。

つまり、長谷部先生の考えでは、民主主義で決めるべきことと、民主主義で決めるべきでないことがあるということになります。民主主義によって決めるべきでないものは、カギを預けるように憲法であらかじめガチッと守っておく。

## 〈上から〉の制限に対する、〈下から〉の反発

さて、こう考えていくと、立憲主義と民主主義というのは、なんとなくボンヤリと重ねられて「大切なものだ」「守るべきものだ」と思われているわけですが、そこにはある種の対立があることになります。

両者は別に矛盾しているわけではありませんが、しかし確かに異なった方向性を持っている。したがって、「立憲民主主義」というのは近代が見出した大切な仕組みですけれども、そこには難しい問題が内蔵されています。立憲主義と民主主義はいったいどういう関係にあるのかという問題です。これはとても解決されたとは言えない問題です。

この問題にどう答えるにせよ、立憲主義そのものの重要性は揺るがないでしょう。ところが、「私が最高責任者」発言のように、政治家が非常に素朴な発想で立憲主義を蔑ろにするようなことをし始めているので、これが現実の政治に関して問われるようになってきたわけです。

しかも、先ほど述べたように、「私が最高責任者」発言というのは、立憲主義的な〈上から〉の制限に対する〈下から〉の反発と捉えることができるわけですが、現在は、この〈下から〉の反発が猛烈に強くなっている。この現象は、憲法に関してのみならず、いろいろなところに

見いだせると思うんです。ある種のエリート主義的なものに対する〈下から〉の反発。僕はこれを現代版の「反知性主義」と呼んでいいかなと思っています。

例えばいま文科省が進めている大学改革が大変な問題になっています。国立大学の人文社会系と教員養成系について、「組織の廃止」、「社会的要請の高い分野への転換」を積極的に進めていくという発表があって、関係者に衝撃を与えました。たとえば国立大学の文学部なんかは潰すということです。

昔だったらこういうとんでもない案は、「おまえら役人には俺たちのやってる高尚な学問の意義はわからないだろうな」というような、上から目線の対応で大学が斥《しりぞ》けてきた。大学には大学の論理がある、大学の自治がある、そういう議論で斥けてきた。

けれども、今の大学改革は、これまでの〈上から目線〉の大学の態度そのものに反発して行われているんです。「高尚な学問とか言ってこれまではごまかされてきた。しかし、これからは誰でも分かるように業績を点数で評価して公表しろ。そういうことができない分野なら国立大学にはいらない」という感じですね。

大学改革の話はここまでにしますが、とにかく今の政権や今の社会の雰囲気というのは、これまであった〈上から〉の規制に対して、〈下から〉怨念をぶつけるように反発している感じだと思うんです。それが「俺は民主主義的に選ばれているんだ。俺が決めて何が悪いんだ」という立憲主義的なものへの反発にも現れている。反知性主義的な反発ですね。

そうすると、僕は立憲主義っていうのは非常に大切なものだと思いますけれども、今の状況に対して、上から目線で「立憲主義が大切」と説き伏せようとしても、怨恨混じりの下からの反発っていうのをむしろ増長するだけではないかという感じがするんです。僕なんかも本当にそういう態度に出たくなってしまいます。「あいつらは何も分かっていない」とバカにしたくなってしまう。でもそれではダメだと思うんです。

ここで課題は二つあると思います。

一つは、どうしてこういう怨恨混じりの反発が、いま、ここまで強くなっているのかを見極めることです。そのためには、戦後日本、戦後民主主義をもう一度考え直すことが必要になるでしょう。こういう政府、こういう世論を作り出したのが戦後日本だったのだという問題意識をもってこの70年を再検討することです。

もう一つは、現在力をもっている怨恨混じりの反発に「民主主義」の名を語らせてはいけないということです。民主主義を単なる下からの反発に貶めてはいけない。立憲主義との緊張関係の中で民主主義を育んでいかねばならない。

もちろん、「民主主義を育む」と口で言うのは簡単であって、それは非常に困難なことです。僕自身は制度の面からこの問題を考えていて、『来るべき民主主義――小平市都道328号線と近代政治哲学の諸問題』（幻冬舎新書）という本の中では、議会を政治制度の中心に置きつつも、そこに「強化パーツ」としての様々な制度を足していき、立法のみならず行政にも市民がオフィシャルに関われるようにするという提案をしました。これは僕なりの提案です。もちろん、こうして勉強会をしていくこともとても大切です。また最初にお話ししたことですが、そうした機会が十分に得られるよう、政治的イシューについて誰もが萎縮せずに話ができる環境作りも必須です。

さて、ここからは今日の話のエピローグになるんですが、最近、僕はこの件について考えながら戦前のドイツに強い関心をもつようになったんです。１９１８年から33年までのワイマール期、そして33年にナチスの独裁体制が確立され45年の壊滅まで向かう、この激動のドイツですね。第一次大戦で負け、なし崩し的であったが革命が起こる。共和国は非常に先進的と呼ばれる「ワイマール憲法」を作ったが、結局その中から、たった14年でナチス体制が生まれてきた。

この二つの時期っていうのは、現代日本のことを考える上で非常に参考になると思うんです。それにはいろいろな理由がありますけれども、一つはワイマール憲法のことです。

この憲法の特徴は大統領に非常に大きな権限を認めているところです。ドイツ国民はまだ議会制民主主義に慣れていない、だから、大統領に強大な権限を与えておかないと政治がうまく機能しないだろうという考えからそうした憲法が作られました。

つまり、非常に先進的と言われた憲法ですけれども、その中心部分には民衆に対する不信があった。大統領の権限で最も有名なのが48条の規定する緊急令というものです。ナチスはこれを悪用しましたけれども、それ以前から、これがどんどん活用されていた。

議会がうまく機能しないものだから、緊急令で法律を制定するということが繰り返されていたのです。議会自身が授権法という形で閣僚などに権限を委譲することも日常茶飯事でした。つまり、ワイマール期は早い段階から、議会で話し合って立法するという過程が蔑ろにされていた。それが、事実上、ナチス独裁を準備していく。

ナチスの独裁というと、おどろおどろしい怪物のような独裁者が社会を支配しているというイメージを抱くと思うんですが、それでは事態を見誤ります。というのも、あの独裁とは何だったかというと、具体的には、内閣、すなわち行政が正式な立法機関になるということだったからです。

１９３３年1月にヒトラーが首相に就任しますが、その直後にナチスは全権委任法という法律を通します。これをもってナチス体制が確立されたと一般に言われますが、この法律はどういうものだったかというと、内閣に正式な立法権を与える法律だった。行政が正式に法律というルールを決められるようになったのです。

これは独裁が確立された決定的な瞬間でしたが、しかし、先ほど述べたように、議会が立法権を行使せず、大統領や閣僚に権限を委譲してしまうということはワイマール期に繰り返されてきたことでした。その意味で、議会が立法権という権限を保持することに一生懸命でなかったことが、こうした法律を招き寄せる遠因だった。

僕は何でもナチスになぞらえるというのはイヤなんですが、やはりどうしても気になってしまう。今回は内閣が「解釈改憲」という形でルールを勝手に決めた。勝手に変えたわけですよね。ナチスの経験から得られる重要な教訓というのは、行政が立法できるようになることほど恐ろしいことはない、つまり、行政自身がルールを決められるようになることほど恐ろしいことはないということなんです。

憲法や法律は、行政という統治機構に様々な制限を加えています。行政はいつもそうして課されるルールを気にしながら、「これはできるが、あれはできない」と考えて業務を行っている。

ですから行政にとって、憲法や法律というのは自分たちを縛る厄介な存在です。その意味では、行政の側が「自分たちでルールを決められたらなんと楽であろうか」と考えても不思議ではない。ナチスというのはそれを本当に実現してしまった体制であり、その意味で「行政の夢」を体現してしまった体制なのです。

近代の政治哲学は、行政が立法権を握るととんでもないことになると分かっていましたので、権力の分立ということを大切な原則としてきました。今回の「解釈改憲」と呼ばれる事態は、行政が勝手にルールを決める、勝手にルールを変える、しかも憲法という最高法規に関してそうしたことを行っているという意味で、やはり憂慮せざるを得ないことであるわけです。

しかも、そうした政府与党が一定の支持を得ているわけで、そのことを心配されている方も多いと思います。日本の有権者に対して不信感を持っている人も少なくないでしょう。でも、僕がワイマールのことを勉強しながら思ったのは、どんなにひどいことになるかもしれないとしても、やはり民衆を信頼しなければならないということです。

もちろん、信頼した結果、こんな酷い事態になってしまったということもあり得ます。でも、民衆を信頼せず、大統領に強大な権限を与えておこうとか、そういったこととすると、もっとひどいことになる。

僕は民主主義には間違いなく危うさがあると思っています。最初にお話ししたことですが、民主主義が怨恨混じりの反発という形で噴き出し、立憲主義を蔑ろにすることもある。ポピュリズムの危険性もずっと問題にされてきています。だからこそ立憲主義がある。

けれども、その上で、民衆を信じるということができなければ、最後には酷いしっぺ返しを食らうことになるのではないか。もちろんこれは仮説です。しかし、むしろ今こそそう言うべきなのではないか。いまそうしたことを考えています。

すこし時間をオーバーしましたけれども、これで最初のお話とさせていただきます。どうもありがとうございました。

# 哲学と憲法学で読み解く民主主義と立憲主義
## ——憲法学篇

2014年8月
木村草太

### 「多矛盾系」としての集団的自衛権

國分先生からもお話がありましたが、今、やはり公民館とか公共施設で、こういう話題を扱うことにセンシティブになっているというのは事実だと思います。私もある公共機関の市民講座の担当者から、「集団的自衛権の話はしないでください」と言われました。もちろん、「集団的自衛権」の話をしても問題ないことを憲法学的にお話しすることは可能なわけですが、あえてそう答えることでもないと思ったので、「そうですか」とだけ返しました。

本題に入る前に、一応、この問題について憲法学的に解説しておきます。

当然のことですが、公共施設をある政治団体が特権的に使用することは許されません。例えば民主党や自民党の政治家がずっとその場所で、毎日、毎週講演会を開いているということがあっては、もちろんいけません。

けれども、我々が今やろうとしていることは、専門的見地から「こういうことなんですよ」という解説をしているだけです。それは別に政治的な話ではなくて、専門的、技術的な見地から「こうではないでしょうか」とお話しするということです。

政治的な主張を一方的に公的機関が押し付けてはいけないのは当然です。

しかし、今ある政治問題を、学問的に読み解くとどう見えるのか、歴史学、政治学、社会学、哲学、経済学など、さまざまな研究分野の視点から分析することは、とても大切です。もちろん、憲法に関して議論しようとするなら、法学の視点から検討することも絶対に必要でしょう。問題をどう読み解くかという理論的な視点がなければ、なかなか合理的な判断はできません。単に世間の空気に流されてしまうことになるでしょう。学問的な分析は、どんな政治的立場を採るかに重要な影響を与えることがあるのは事実ですが、だからといって、学問的検討がそのまま政治的な発言である訳ではありません。個人的な好みや主義主張と、学問的な評価を区別しなければ、学問は成立しないのです。

ですから、私は特定の政党や政治団体とは一線を画しております。その証拠に、公明新聞からも取材を受けてしゃべっておりますし、この前、民主党の議員の方と一緒にシンポジウムにも出ましたし、何と、この前は、しんぶん赤旗さんからも取材がありまして、不偏不党を貫いているわけです（笑）。

そういうわけで与野党、どのような団体に対しても「不偏不党」ということでコメントをしております。今日のテーマは、國分先生が最初に強調してくださったように、どういう筋道で考えるべきか、順序立てて考える。また、憲法と民主主義、憲法の内容について正確な知識を持っていただき、皆さんがどういう政治的な決定をするにせよ、正確な知識に基づいて賛成なら賛成、反対なら反対をしていただこう、その材料を提供できればと考えております。

現在の憲法をめぐる政治状況は、非常に混乱していて、わけがわからないという感想を持っておられる方も多いのではないでしょうか。

法律学というのは理論の世界、つまり、理屈を使って説得し合う世界です。もちろん完全無欠で矛盾もなく、全部説明し尽くされているという議論が一番いいのですが、なかなかそうは行きません。たいていの議論は矛盾を孕んでいるので、そこを指摘されたら修正していかねばなりません。修正ができないなら、負けを認めて退場するしかないのです。

この世界で、非常にわかりやすく負けてしまうタイプの議論というのは、矛盾点が一個だけあるというタイプ。一個だけの矛盾点というのは、そこがポキッと折れればおしまいです。これはみなさんにすぐわかっていただけると思います。

しかし非常に不思議な現象として、矛盾点が二つ以上あると、なぜか妙な説得力を発揮するというタイプの議論があって（笑）、「多矛盾系」と呼ばれております。あ、ちなみにこの呼び方は、私が最近、普及活動に努めているものです。

これはどういう現象かというと、冬季五輪が今年ありましたね。羽生結弦《はにゅうゆづる》さんがフィギュアスケートで金メダルを取りましたが、「羽生《はぶ》が金メダル」というふうに将棋クラスターの中で話題になって、「冬季五輪は将棋もやってるんだね」と言っている人がいたわけですが（笑）、これは矛盾点が一点だけなので論破は簡単なんです。「いや、五輪で将棋はやってないです」と言えば終わりです。

しかし、ある友人が「将棋のラージヒルはいつ始まるんだ?」というふうに質問してきました。そもそも将棋には、ラージヒルとかノーマルヒルはありませんから、それに対して「ラージヒルはないですよ」と言ったら、まるで冬季五輪で将棋もやっているような感じがしてしまいます。

一方、「いや、冬季五輪で将棋はやっていないですよ」と言ったら、将棋にノーマルヒルとラージヒルがあるような感じがしてしまう。つまり、矛盾が二点あると、一遍に一つしか批判できないので、残りの一点はまるで矛盾してないかのように残ってしまうという現象が起きるわけです。

現在の政治状況というのはまさに多矛盾的な状況です。

どういうことかと申しますと、勘のいい方には既に、濃厚に嫌な予感が漂っていると思いますが、要するに、集団的自衛権を行使できるようにしたいというところに、突っ込みどころがたくさんある。ところが、もう一つ、現行憲法で集団的自衛権の行使ができるかというところも非常に突っ込みどころがあるので、矛盾点がまさに二つあるわけです。

ですから、「いや、やはり集団的自衛権が行使できるようにするのは政策的におかしいんじゃないか」と批判すると、憲法上は問題がないかのような感じがしてしまうし、「いや、それは現行憲法では違憲で、やるなら改正が必要でしょう」と言うと、まるで、政策的には問題がないかのようなことになってしまう。

テレビなんかだと時間が限られていますから、多矛盾系を指摘するのは、ほとんど不可能です。これからの国の方向性を左右し得る、重要な決定がなされるときなのに、その判断の前提となる十分な情報が、伝わりにくくなっているんですね。本気で何かについて考えたいと思ったら、テレビの情報だけではどうしても足りなくて、自分で本を探すなどして、基本を固めていくしかないんです。

ところで先日、私のゼミのOB会がありました。集団的自衛権の話題になって、多矛盾系の議論になりました。先ほどは将棋のラージヒルの話を多矛盾系の議論の例として挙げましたが、飲み会の場だったのでもう少しどぎつく、「たとえばさ、あいつがちょんまげに全裸でこの場にいたらどうする?」という例を出したわけです。

「ちょんまげはやめろ」と言うと「全裸はいい」ということになってしまうし、「全裸はやめろ」と言ったら、「ちょんまげはいい」ということになってしまう、と(笑)。

そのときに、うちのゼミの主《ぬし》みたいな人がいて、彼女は法律書に強い出版社に勤めていて、

「おまえ、もっと仕事しろ」ってOB会のたびに言われているのですが（笑）、その人に言わせると、「そんなやつは、ただ『帰れ』と一言、言えばいいだけじゃないか」と（笑）。

「ああ、なるほどな」と思ったのですが、まさに今の政治はそういう状況であるということになります。

ただ、「帰れ」と言うだけですめばいいのですが、どうもそうではない。私には何の権力もないので、私が「帰れ」と言っても意味はないんです。日本の主権者は国民ですから、国民が「帰れ」と言うべきかどうかを考えて頂くしかないわけです。

というわけで、国民の判断材料の一つとして、憲法学の立場から、技術的に何がどうなっているのかをお話しさせて頂こうと思います。

最終的に私の話がどこにたどり着くかというと、民主主義と立憲主義がまさに現在課題になっておりますし、國分先生が教えてくださったとおり、順序立てて筋道を追って考えることが課題になっていると思います。

ここで、ある本を引用します。

「ここは一つ、民主的に決めようじゃないか」

トケソさんがこう言って、リュックの中をゴソゴソしはじめた。私も含めて皆、投票用紙を取り出すのだろうと思って見ていたが、彼が取り出したのは、あみだくじだった。

（巻真紀『陽気な平行線』漏電出版、35頁）

これは、私が一般向けに文章を書くときによく引用をする架空の本です。「atプラス」（太田出版）という雑誌で、皆さんには大変不興かもしれませんが、特定秘密保護法にはそんなに大きな問題はないという原稿を書いたときにも引用しています。これをちょっと読んでいただけると、私が非常に邪悪な人間であることがわかっていただけると思います（笑）。

民主主義にも実はいろいろあって、ここに挙げた例は、要するに民主主義は投票だけだと思っていたら、それは違う、あみだくじだって民主主義だという話です。くじというのは民主主義の一つの重要な方法です。例えば裁判員制度というのはすごく民主的な制度だと思われていますが、裁判員とか陪審員を決めているのはくじです。

投票で誰が裁判員をやるかということを決めているわけではなくて、無作為抽出で決めた人の考え方を反映させる、これも民主主義ではないかというのは、一つの考え方なわけです。

これを、もう少し、統計学的に考えると世論調査のような話になるかもしれませんが、世論調査だって別に全員で投票しているわけではなく、無作為抽出で、日本全国1億人いるのに3000人ぐらいに聞いて、「内閣支持率が何%です」などと言うわけです。

けれども、世論調査は、全員に聞いてないから全く無意味だとは普通考えません。くじというのも一つの方法だし、みんなで投票するのも一つの方法である。そうすると、民主主義というのは、実はそこから導かれる制度が一つには定まらない概念だということです。このことを頭の片隅に置きながら、これからの話を聞いていただければと思います。

## 武力行使を許容する根拠はどこに？

私の専攻は憲法学ですから、結局集団的自衛権の行使容認が政策的に望ましいかどうかという話は――意見はありますが、それは横に置いておきまして――憲法学的にどう扱うかという話を最初に確認しておきます。

日本国憲法には9条という条文があります。こんな条文です。

9条1項　日本国民は、正義と秩序を基調とする国際平和を誠実に希求し、国権の発動たる戦争と、武力による威嚇又は武力の行使は、国際紛争を解決する手段としては、永久にこれを放棄する。

2項　前項の目的を達するため、陸海空軍その他の戦力は、これを保持しない。国の交戦権は、これを認めない。

これは比較的有名な条文ですが、要するに1項で戦争は放棄しますと書いてあり、2項では戦争のための戦力を持ちませんと書いてあります。

9条をどう理解すべきか、憲法学説はいろいろ分かれているのですが、A説というのは非常にシンプルに、1項で全ての戦争が放棄されているから、日本政府が外国に対して武力行使することは全て違憲だという説です。

B説は、1項は国際紛争を解決するための戦争を放棄しているだけで、それ以外の武力行使については何も言っていない。けれども、2項で戦力は持てないので、結局武力行使は全面的に禁止されるという説です。

どちらにしても結論は、武力行使の全面禁止です。だから、どちらをとるかということはあまり実益のある議論ではありません。けれども、どちらが、よりエレガントな説明ができるかを競うのが法律学者です。世間的にはどちらでもいい話ですが、学界では長く議論されてきました。

ここでは、どちらの立場を採ろうと武力行使は全面禁止であるというところが重要です。武力行使の全面的な禁止が基本原則となるので、海外で武力行使をする場合には、その例外を正当化する根拠を、憲法のどこかから見つけてこないといけません。

例えば、刑法199条で日本の法のもとでは人を殺すという行為は禁じられています。けれども、正当防衛という例外を認める規定があって、この場合には、やむを得ないから、違法性を阻却し無罪にする、というルールになっています。

法律の世界では、こういうふうに、全面禁止をまず一般的に置いた上で、例外を許容する規定があればそこの部分だけは認めるということもあるわけです。

ですから、9条で武力行使を全面禁止するまではいいのですが、それだけでは結論が出ない。例外を許容する積極的な根拠が条文のどこかにあるのかを探す必要がある。これが9条と武力行使に関する、憲法解釈の基本的な構造になります。

私の例え話は、かえってわかりにくいとよく言われるのですが（笑）、好きなのであえて言っておきますと、要するに、憲法9条という隕石によって恐竜が全部消滅している、だから、恐竜がいるという主張をする側に立証責任がある、という状況です。

恐竜は全部絶滅していて例外は無い、つまり、全ての武力行使は許されない、自衛隊も違憲だ、という解釈をする先生もたくさんいらっしゃいます。確かに、憲法を読んでいても、「こういう時は武力行使をやっていいですよ」とはっきり言っている条文は見当たりませんから、そういう解釈も十分にあり得るでしょう。

ただ、政府はそういう解釈は採ってきませんでした。「個別的自衛権」という恐竜だけは生き残っていると理解しています。つまり、これまでの政府解釈は、我が国の存立が脅かされ、国民の生命、自由及び幸福追求の権利が根底から覆される事態であれば実力行使が許される、というものです。

こうした解釈の根拠、つまり例外を許容する積極的根拠がどこにあるのかといえば、憲法の前文と憲法13条ということになっています。具体的には、前文で「全世界の国民が、ひとしく恐怖と欠乏から免かれ、平和のうちに生存する権利を有することを確認する」と書かれています。また、13条には、「生命、自由及び幸福追求に対する国民の権利については、……立法その他の国政の上で、最大の尊重を必要とする」と書かれています。

こうした条文からすると、日本国民の平和な生活のために、日本国内の領域の安全を確保する責任が日本政府にあるので、その安全確保のために、必要最小限度のやむを得ない武力行使であれば許されるのではないかという説明です。そのための実力行使であれば2項にも違反しないのではないか、という基準でこれまでやってきました。

我が国に対する武力攻撃は、当然、我が国の存立を脅かす事態です。したがって、我が国の存立を守るための武力行使は許容される。そう政府は長らく解釈をしてきたわけです。

こういうふうに、まず日本国憲法の解釈として、「我が国に対する武力攻撃を排除するための武力行使」は許される、ということが導かれます。それを前提に、この武力行使は、国際法上の解釈としては、個別的自衛権の行使は許容される、という話が続くことになります。

ちょっと誤解しやすいのですが、これまでの憲法解釈で個別的自衛権の行使が許容されてきたというよりは、憲法上許容される武力行使というのがあって、それは国際法上は「個別的自衛権」によって正当化されると言ったほうがより正確なわけです。

ですから、憲法上の評価と国際法上の評価は分ける必要があります。実際、憲法上は可能だけれども国際法上は違法とか、逆に憲法上はだめなのだけど国際法上は合法ということは、法体系が違うのですから、よくあるわけです。

## 憲法73条から集団的自衛権を考える

憲法上の「自国を守るための武力行使」、国際法風に言うなら「個別的自衛権の行使」を、9条の例外として、憲法前文や13条を根拠に認める、という政府解釈のロジックは、ここまでの話で一応ご理解いただけたかと思います。

では、最近議論されている集団的自衛権、つまり、自国への武力攻撃が無いにもかかわらず、他国が武力攻撃を受けたことを理由に武力行使する権利についても、考えてみましょう。集団的自衛権は、国際法上は認められています。国連憲章51条に、きちんと権利として書かれています。

問題は、日本国憲法の解釈として、他国を守るための武力行使を根拠づけるような条文があるか、ということです。集団的自衛権の可否というのは、憲法9条の問題というよりは、9条以外の条文のどこかから積極的な根拠を見つけてくることができないか、という問題になります。

結論から言うと、日本国憲法上は、今話題になっている外国の防衛を手伝う作用、他国防衛を基礎づけるような根拠はないと言われています。条文全体を探しても根拠がありません。「無いこと」の証明は、一般にはとても難しいわけですが、集団的自衛権については、案外、それが「無いこと」の決定的な証拠があるんです。

それは憲法73条です。この条文をちょっと見てください。9条を読んだことがある人はたくさんいると思いますが、73条を真面目に読んだことがあるという人はあまりいないと思います。

第73条　内閣は、他の一般行政事務の外、左の事務を行ふ。
1　法律を誠実に執行し、国務を総理すること。
2　外交関係を処理すること。
3　条約を締結すること。但し、事前に、時宜によつては事後に、国会の承認を経ることを必要とする。
4　法律の定める基準に従ひ、官吏に関する事務を掌理すること。
5　予算を作成して国会に提出すること。
6　この憲法及び法律の規定を実施するために、政令を制定すること。但し、政令には、特にその法律の委任がある場合を除いては、罰則を設けることができない。
7　大赦、特赦、減刑、刑の執行の免除及び復権を決定すること。

これは非常にマニアックな条文で、憲法学者でも一年のうちにそんなに見ることはないものです。

内閣というのは行政権を担っていますが、「内閣は、他の一般行政事務の外、左の事務を行ふ」と書いてあります。要するに内閣がやる仕事はこの範囲でやりますよ、と内閣の仕事を列挙した条文です。

内閣は行政権の主体なので、当然行政事務をやってくれないと困ります。ということで、本文ではそう書いてあるわけですが、さらに1号で「法律を誠実に執行し、国務を総理すること」と書いてあります。

これも、これだけで一回講義ができるぐらいのとってもおもしろい条文なんですが、前半では「法律を誠実に執行し」と書いてあります。行政事務というのは、法律の執行という形で具体的に権力を行使する作用ですが、基本的には法律に根拠がなくては何も出来ません。法律に書いてあるとおりに、マニュアルどおりにやるということになりますから、それ自体はそんなに派手な仕事ではありません。

これに対して、後半の「国務を総理」というのは、執行の前の計画を立てて、国家全体をこういうふうに運営していきましょうという基本計画とか国家の指針を示す作用です。

どんな団体でもやはり、いきなり何か行動をすることはなく、団体の基本的な計画や指針が決められて、それに応じて予算が組まれ、法律あるいは規則が作られ、それが執行されていくことになります。日本の場合は、国政全体の計画を立てて、国政をリードする仕事を、内閣が担っているわけです。

内閣がやっている一番大きい仕事はこの「国務の総理」です。皆さんは内閣総理大臣の施政方針演説をご存じだと思いますが、内閣が法律の執行だけやっているのであれば、施政方針演説なんて必要ないわけです。「今年も法律をきちんと執行します」と一言、言えば終わることでしょう。

施政方針演説は、こういう形で国を動かしたいということを国会に対して説明することで、批判を仰ぎ、また生産的な議論につなげるという仕事です。憲法73条は、一般行政事務に普通は含まれない、国務を総理するという仕事も内閣の仕事なんですよ、と示しているわけです。

行政というのはすごく広い意味で、大抵の業務はこれに含まれるので、行政に含まれる仕事とそうでない仕事の区別なんて、あまり意識したことはないと思います。しかし、概念規定としては、行政にも重要な限定がかかっているのです。

具体的には、行政は、国内で公共の福祉を実現するための活動で、国内主権を行使して行う活動でなければなりません。ということは、行政には外交は含まれていません。日本の外でやること、外国との交わりというのは、行政ではないんです。

国内での権力行使は、日本政府が主権を持っていますから一方的に権力を行使するという形で意思を完徹できます。しかしながら、当然、外国に対しては日本政府の主権は及びません。

韓国にも、中国にも、アメリカにも日本の主権は及ばない。日本がいくら「俺の言うことを聞け」と言っても、別に聞く義理はないわけです。ですから、外国と交わる仕事は、行政とは異なる「外交」という仕事に分類されます。

## どこにも書かれていない軍事権

ところで、外交というのは、他国の主権を尊重し、対等の立場で行う活動です。これに対して、軍事というのは、他国の主権を制圧して行う活動です。

例えば、隣国との紛争がのっぴきならない状況にあった場合、政府が「外交努力を続けます」と言ったら、普通空爆をすることはないと誰もが思うでしょう。それは空爆というのは相手の意思を制圧して行う武力行使であり、軍事活動だからです。

武力行使の可能性を示しつつ、外交交渉を進めることはあっても、外交はあくまで、相手国に主権があることを前提に、その主権を制圧せずに対等の立場で行う作用です。外交作用と軍事作用は、性質を異にしているのです。

ですから、一般に、憲法には、行政とは別に外交と軍事の規定は別に設けて書くことになります。ほとんどの国では、行政や外交の権限やその行使手続の規定とは区別して、軍事の規定が置かれています。

日本は鎖国しているわけではないので、外交はやらなくてはいけない。では、どこが担当する事務なのかというと、憲法73条2号に、「外交関係を処理すること」が内閣の事務だと書いてあります。

では、外国と約束をする、条約を締結するのはどうか？　これも外交の一種ですから、内閣だけで認めても良さそうですね。しかし、条約というのは国民全体の生活にかかわる非常に重要なことなので、3号で、条約の締結については国会の承認を得てくださいと決められています。

日本国憲法を見ていくと、実はこの第73条に軍事の規定がないんです。内閣の権限規定はここにしかないので、73条の1～7号に掲げられていない限り、その活動はできません。しかし、そこに軍事に関する記述がない。したがって、日本国憲法は軍事活動をしないことが前提になっている、そういう憲法なのです。

当たり前ですが、軍事活動を想定している国は大抵、軍事のための条項を設けています。大日本帝国憲法でも、非常にいびつな形ではありましたが、軍事権、つまり統帥権は天皇の大権ですよと憲法に書いてありました。これと対比して日本国憲法を読むと、73条に列挙されていないということは、軍事権限を消去しているということです。したがって、内閣は軍事権の行使として説明できるような活動はしないということになります。

自国内の安全を確保するための、個別的自衛権の行使として説明できるような武力行使は、もちろん疑義もありますが、消防活動や警察活動の延長にあって、行政権の一種ということになるでしょう。国内の犯罪者が、放火や殺人をしたら警察が捕まえるのに、それを外国政府がやったら、何も対抗手段が無い、というのは不自然です。

しかし、日本国内の安全ではなく、外国のために、日本国外で武力行使を本格的にやるということになると、これは行政権の延長としては理解できません。軍事権ということになります。軍事権を行使できるのだとすれば、当然、憲法典に書かれていなければならない。けれども、どこにも書いていない。

ですから、今すぐ集団的自衛権を行使できるようにしなければならない、と言っている人を見ると、「やりたいのは分かったけど、73条のどこの事務なの?」と聞きたくなります。しかし、これは、やりたいとおっしゃっている方の大抵は答えられません。

「一般行政事務」ではないですね。一般行政事務というと、市役所に行って住民票を出してもらうみたいなことをイメージしますので、外国を空爆するのとは大分違います。

「国務を総理」も違いますね。「外交関係を処理」は先ほど言ったように、外交というのは相手国の主権を尊重してこその作用ですから、まさか武力行使がこれに含まれるというわけにはいかない。ということで、本文、1号、2号、3号まで簡単に潰れます。

残るのは4、5、6、7号ですが、4、5、6号は、もっと望みがなくて(笑)、官吏に関する事務を掌理する――ことではないですね。予算の作成、これも違う。政令の制定、これも違いますね。ということで残ったのは大赦、特赦、減刑、刑の執行、これが集団的自衛権と関係しているなんて言ったら、何を考えているんだということになります。ですから、結局はできないですね、ということになるわけです。

普通は、「書いてないということはやらないということなのだな」と解釈します。集団的自衛権の行使は、どう解釈しても無理だろうというのが、一般的な解釈です。

今、初めてこの話を聞かれると、何だ、そんなことかと思われるかもしれませんが、集団的自衛権の解釈では憲法9条ばかりに注目が集まっていて、9条だけで考えると実はわからないというところが大切なんですね。

9条だけを見ていると、自衛隊が許されるなら、個別的自衛権が許されるなら、集団的自衛権だって認められるはずじゃないか、そういう安直な議論になってしまいがちです。しかし、個別的自衛権と集団的自衛権は、たとえ国際法上は並べて議論されているとしても、日本国憲法上は、まったく話が違うんですね。

憲法9条はもちろん重要ですが、9条を前提に、その例外を許す特別な根拠規定があるかと探してみると、集団的自衛権を基礎づけるようなものはどこにもないし、73条を見ると、明確にないと言っているわけです。

「集団的自衛権ネッシー論」というのを私は唱えています（笑）。集団的自衛権というのはまさにネッシーのようなもので、「いる」と言っている人はいますが、普通は「いない」ということになっています。ネッシーがいるか、いないかはともかく、そういう生き物がいるという証拠はないわけです。だから、生物学的には、いないと扱う。それと同じように、行使すべきか、すべきでないかにかかわらず、集団的自衛権が憲法違反であることは明白です。

ここのところは、憲法解釈論をまじめにやる限り、どうしたって変えようがないんです。そこを捻じ曲げると、もはや解釈ではなくなってしまいます。

## ネッシーは本当にいるのか?

では、集団的自衛権に関する議論は、一体、どうなっているか、ということです。

ということで、ビジュアル的にやったほうがわかりやすいのではないかと思って図をつくりました（左頁）。わかる人はわかると思いますが、わからないけれども興味のある方は、『指輪物語』の本を開いていただきますとよくわかるかと思います。

いくつか隊があって、最初に出てきたのが一番有名な北岡（伸一）隊で、安保法制懇（安全保障の法的基盤の再構築に関する懇談会）ルートというのがあります。本丸は「集団的自衛権行使容認」と書いてある右側の場所です。原作では悪の居城バラドドゥアがあるところですが、とにかくここに攻め入ろうというわけです。

安倍政権本陣から、正面突破のルートがこれです。北岡伸一先生の「国際法違反でなければ

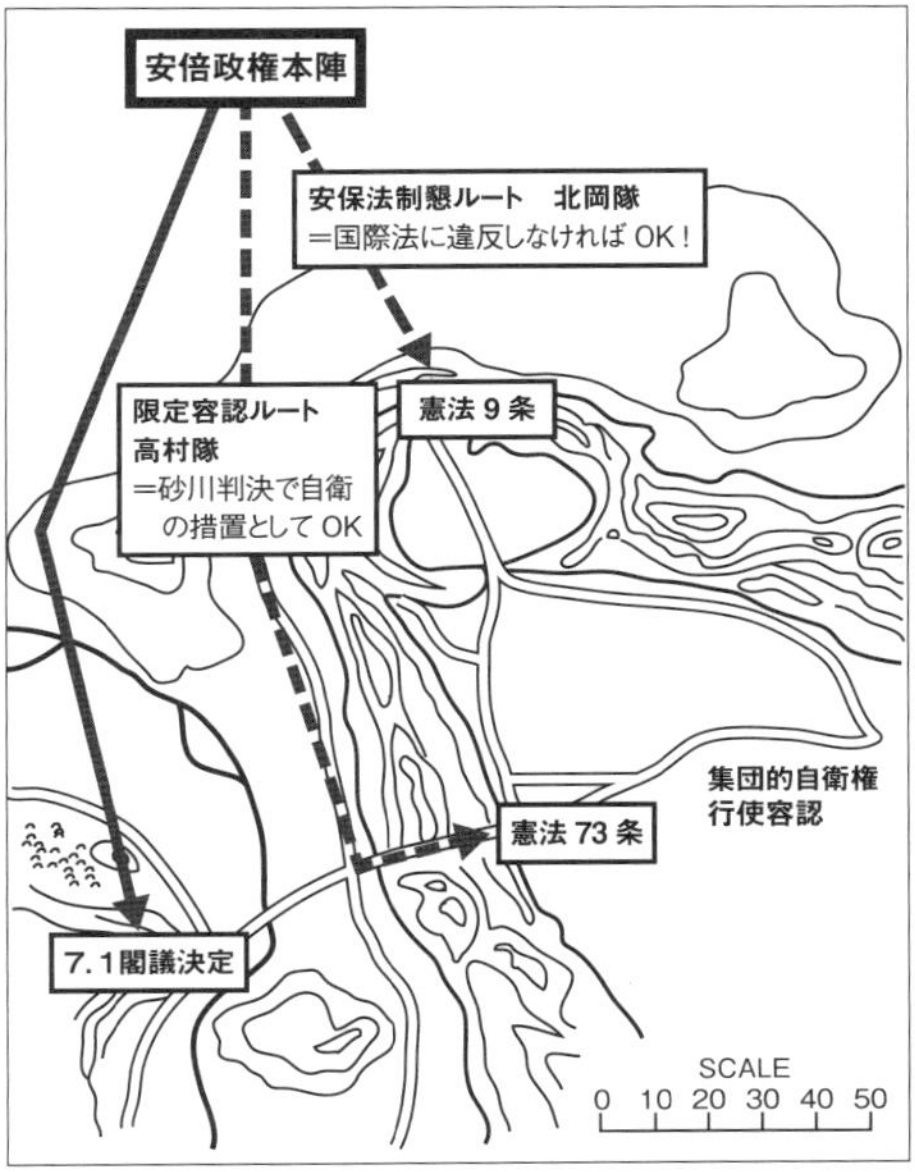


憲法と集団的自衛権をめぐる動きの現状

憲法9条には違反しない」という理屈があるわけです。

5月15日に安保法制懇という首相の私的諮問機関が正面突破を図ろうという報告書を出しました。さすがに憲法9条と正面衝突します。ここの門をあけるには、きちんとした憲法改正という鍵を持ってきてくださいということで、このルートは早々に放棄されました。

いつの段階で放棄されたかというと、この作戦が提示された5月15日、すなわち安保法制懇が首相に報告書を提出した時点です。正確には提出は、5月15日の夕方4時ごろ。放棄されたのはいつかというと5月15日の夕方5時10分ごろ（笑）。報告書提出からわずか1時間10分後に放棄された戦線です。安倍首相自身が記者会見を開き、これはちょっとこれまでの解釈と整合しないみたいなことを言って、早々に放棄しました。

北岡伸一先生というのは東大法学部教授、国連大使を経て現在国際大学長を歴任されていて、小林節先生に言わせると、「経歴だけは立派な方」ということなんですけれども（笑）、私は小林先生とはやや見方を異にしておりまして、経歴も本業の学問的な業績も立派な人であると思っております。北岡先生のご専門は、日本政治外交史でして、昭和の外交史にとても詳しい方です。

けれども、北岡先生は憲法解釈に関しては素人もいいところです。こんな解釈は通るわけがありません。北岡先生は5月いっぱいぐらいまではいろんなメディアで発言されていたのですが、だんだん新聞やテレビの側もわかってきたのでしょうか、北岡先生は呼ばれなくなりました。

本陣はどちらのルートだったかというと実は高村（正彦）隊です。これは3月31日に示されたルートですが、自民党の国防部会で高村先生（自民党副総裁）が演説をされました。砂川判決で、自衛の措置として集団的自衛権の行使が一部認められているという話をされたわけです。

この高村演説によって、集団的自衛権行使はちょっとおかしいんじゃないかと言っていた議員の方も、なんだ、最高裁判決があるのか、それなら認めてもいいんじゃないかという空気になって、党内の反対論が一気におさまったという議員のリポートがありました。たぶんそのとおり、だったのだと思います。先に申し上げたネッシーの例でいえば、まさにネッシーの写真が示されたということですね（笑）。

では、本当にネッシーがいるのかということです。新聞等で報道されてご存じの方も多いかと思いますが、砂川判決というのは、ちょっとした小競り合いがあって米軍立川基地の敷地に立ち入ってしまった人が起訴されたという事件です。被告人は、そもそも米軍が駐留していることが違憲なんだから、立ち入ったとしても別に罪にならないという主張をしたのですが、裁判所は、少なくとも米軍の駐留は合憲ですよと判断しました。

ここでの争点は米軍駐留の合憲性です。日本政府が集団的自衛権を行使できるかどうかといった話は全然していません。それどころか、自衛隊が違憲かどうかという話も被告人はしているわけですが、それは今回の争点ではないので今回は判断しないと言っています。集団的自衛権どころか、そもそも個別的自衛権についてすら、何も言っておりません。

この砂川事件の判決文から、集団的自衛権の行使を容認するという読み方をするのは、相当に無理があるわけでして、ネッシーで言うと、その写真のネッシーが模型だったことが判明したわけです（笑）。つまり、安保法制懇と限定容認の二本のルートは、ちょっとどうしようもないということになりました。

そのほかに注目すべき見解としては、石破茂先生の見解が上げられます。これがどういう理屈かというと、なかなか興味深いものです。

『文藝春秋スペシャル　２０１４年夏号』でインタビューを受けた、石破自民党幹事長（当時）の発言を紹介します。

正直に申し上げると、十数年前までは私も「集団的自衛権を認めるなら憲法改正が必要だ」と考えていました。しかし、佐瀬昌盛先生（防衛大学校名誉教授）の論文などに触発され、考えを深めていくようになりました。集団的自衛権が行使できないというのは、憲法のどこにも「行使してはいけない」と書いていない以上、あくまで憲法解釈としての制約に過ぎない。その場合の憲法解釈が正しいのであれば憲法を改正しなければなりませんが、もし解釈が間違っているなら、何も憲法を変える必要はない、そう思い始めたわけです。

……そもそも、なぜ憲法九条の解釈として「集団的自衛権の行使は許されない」と言えるのか、それを論理的に説明できた人は誰もいません。国会でも合理的に透徹した説明をした人はいない。それは結局、合理的には説明できないからではないでしょうか。

これは、憲法のどこにも集団的自衛権を行使してはいけないと書いてないではないか、だからやっていいんだと、そういう理屈です。しかも我々憲法学者を挑発しています。なぜ憲法9条の解釈として、集団的自衛権の行使は許されないと言えるのか、それを論理的に説明できた人は誰もいません、とおっしゃっているからです。

ここまで言い切るのは相当調べているのだろうなと普通は思いますよね。しかし、先ほど述べたように、そもそも憲法9条に武力行使はするなと書いてあるわけです。それにもかかわらず、行使してはいけないとは書いていないというのですから、石破先生は憲法9条の文言をそもそも読まれたことがあるのか、という疑念すら生じます。

また、「書いていないから、やってよい」ということにはなりません。先ほど言ったとおり、「書いていないことはできない」と考えるのが一般的です。恐らくここにいる皆さんであれば誰もが簡単に、5分もあれば論理的に理解できると思います。

そうすると石破先生のおっしゃっている、書いてないからやってよいというルートも無理ということになります。

結局、憲法改正という方法をとらずに集団的自衛権の行使を容認することはできません。では、7・1閣議決定はどうしたかといいますと、図で見ていただくと、「集団的自衛権行使容認」という本陣に入らずに、まったく別の方向に陣を構えたということになります。

## 閣議決定の範囲も破るのか？

閣議決定の内容は非常に簡単な話です。

「我が国の存立が脅かされる事態であれば、実力行使が許される」。これが従来の政府解釈でした。今回の閣議決定を文書として読んでみると、他国への武力攻撃によって日本の存立が脅かされる事態が生じた場合には、それは我が国の存立を脅かす事態ですから、武力行使ができます、としたわけです。

そして、ここにいう「我が国の存立が脅かされる事態」というのは、これまでの文脈だと、要するに、我が国への武力攻撃という意味です。今回の閣議決定は、「他国への武力攻撃によって、我が国への武力攻撃が発生した場合には、それに対し武力行使ができる」といっています。

これは、どういうことかというと、個別的自衛権の行使としても説明できる場合には、集団的自衛権の行使をしてもよいのではないか、個別的自衛権と集団的自衛権のどちらでも説明できるときには、集団的自衛権の行使と説明することはできるのではないかと言っている。文章自体はそういう内容になっています。ですから、國分先生のおっしゃっていたとおり、これまでの憲法解釈を変更するものでないといえば、文章自体は、実は変更していないことになっているわけです。

では、変更がないという言質がとれているのかということになります。冒頭のところで私がしんぶん赤旗さんの取材を受けたという話をしましたが、閣議決定の意味を教えてくれと言われたので、今申し上げたような説明をしましたところ、「うちの新聞は閣議決定を批判しているので、そういう説明だとまずいんです」と言われまして（笑）、結局、残念ながら掲載されなかったわけです。

一方、公明新聞さんは私の言ったことをそのまま載せています。もしも、拡大解釈するつもりであれば、私の記事など、与党公明党として載せるわけにいかないはずですが、「これまで集団的自衛権の行使をやるべきだと言っていた方たちが、この閣議決定を批判しないのがおかしいぐらいだ」という私の発言をきちんと載せたわけです。

では、自民党はどうか。「日曜討論」（NHK）に出させていただいた際、小野寺防衛大臣（当時）に直接、「今回の閣議決定は、個別的自衛権と重なる範囲で、集団的自衛権の行使を認めたものということになっていますが、アメリカ政府にもそれは、きちんと伝わっていますか」と質問をしました。

すると、「はい、限定的なものであるというふうに伝えております」というふうにお答えになった。これは公共の電波に乗ったことですから、言質がとられています。

ご本人が、どれぐらい発言の意味を意識されていたかどうかはわかりませんが、少なくとも、現役の防衛大臣も、集団的自衛権の行使に、非常に強い限定をかけた閣議決定であるということを認めたわけです。私は、この発言をいつでも取り出せるように録画しております（笑）。

このときは、もう自分が決勝点のゴールを挙げたつもりで帰ってきたんですが、あんまり反応がありませんでした。番組自体への反響はネットを検索しても、結構あったのです。主な反応は、私の目つきが怖い、とかですね（笑）。

あとは、司会者の運営が恣意的だというのは、集団的自衛権に反対する人からも、賛成する人からも言われていました。限られた時間の中での進行なので、少々気の毒な気もしますが、メディアに対する国民の不信感の表れでしょうか。

ともかく、個別的自衛権と重なる範囲でしか集団的自衛権は行使できない、という解釈を現役の防衛大臣が認めたというのはけっこう大変な事態だと思います。しかし、そこに反応してくれたメディアはほとんどなかった。しかたがないので今ここで紹介したわけです（笑）。

ただ、だからといって安心できる状況にはないというのは、國分先生がおっしゃったとおりです。閣議決定の文章自体はこうなっているわけですが、安倍首相やその周辺の発言を聞いていると、もっと踏み込んだことを当然やるつもりのようですし、今回の閣議決定でできるようになったと思っているらしい。

つまり、憲法も、自分たちで決めた閣議決定の範囲も、それを自分たちで決めたことすらも破ってしまうかもしれない、そういう状況にあるのです。

## 二つの憲法の対立

仮に安倍政権の政策を支持するとしても、彼らは自分たちで決めた枠を守らないでしょうと申し上げました。これははっきり言って、相当おかしな事態です。ですから、今後は、誰が閣議決定を解釈するのかが重大な課題になります。この閣議決定の解釈は当然、市民の側もやっていく必要があるし、法律専門家の側もやっていく必要があります。

この解釈という作業は、すごく難しい作業ではあるのですが、何故、あえて解釈という作業があるのか、ということをお話しします。それは、法律を決めた人と法律を解釈する人を分けるためです。

これは、権力分立の一つの表れで、立憲主義の重要な工夫です。立憲主義の下では、非常に複雑な形で、権力者が自分と異なる考え方をする「他者」に向き合わなければいけないようにしているんです。強制的に他者と向き合わせる、他者の視点を経由させるように工夫されている、そういう憲法が立憲主義の憲法なのです。

抽象的に話しても意味が無いので、先ほどの國分先生のお話を思い出してください。國分先生は、行政権と立法権が合体することはとても怖いという話をされました。

行政と立法が合体してしまうと、権力者は自分たちのやっていることはすべて正しい、何でもやりたいことをやっていいんだ、と思ってしまう。「自分たちが正しいと思うことをやる」のも信念のある行動という意味では大事ではあるのですが、そのままでは他者の視点が入らない。

「それは、ちょっと違うのではないか」という他人の視点を経由することができないまま、べタに進んでいってしまう。そうなると、意見の違う人たちは悪い奴だ、排除してしまえ、という話になりやすいんですね。これでは、個人の尊重なんてあり得ません。

立憲主義の下では、そうならないようにいろいろな権限を分割しています。法律を解釈する人と法律を作る人は分けておくという工夫も、その一つです。規範制定者に対してあえて他者としての規範翻訳者、技術者を配置する。あえて他者の視点を設置する。これが立憲主義の重要な工夫です。

最近の政治状況を見ていると、「他者の視点」を経由することを回避しようという姿勢があちこちにみえているのが、大きな懸念材料です。２０１３年は、96条を改正して、国会議員の過半数で憲法改正の発議が出来るようにしようとしました。これは、少数派の意見を無視しようという態度です。

また、先ほどの北岡先生をはじめとした安保法制懇のメンバーは、集団的自衛権をぜひとも行使しよう、という考えで一致した人ばかりです。さらに、内閣法制局長官の人事でも、これまでは法制局勤務の長い方が長官に就任していたのですが、安倍首相は、集団的自衛権について積極的な立場である小松氏を、自身の判断で異例の抜擢をしたりしました。

こうした、自分と異なる意見の人を排除してことを進めようという態度は、とても危険です。政策論的には、集団的自衛権を行使できる国というのも、十分にあり得ることです。立憲主義・民主主義の先進国とされているフランスやドイツでも、集団的自衛権を行使しています。

しかし、他者を排除する態度というのは、立憲主義にも民主主義にも反します。

集団的自衛権、外国の自衛を手伝いにいくこと自体にはいろいろ議論があっていいでしょう。外国の人でも困っている人は助けなくてはいけないというのは一つの考え方です。しかし、それをやるにしても、その検討のために必要な他者の視点というのを置けるのかどうか。そこが今、問われていると思います。

実は法解釈というのは、あえて他者の視点を経由するために行っているという面があります。なぜ、法律の条文に縛られなければいけないのかと、市民の皆さんはよく思われるでしょう。政治家の皆さんもたぶん、何故、憲法に縛られなければいけないんだと思っているでしょう。そんなものに縛られていたら、現実的で迅速な対応ができなくなってしまうと。

だから、法律家は嫌われ易いんです。法律を解釈するとかいって、まるで自分が法律であるかのように偉そうにしているやつ、既得権を持ったいけ好かないやつというふうに見られることが多いわけです。実際、そういう法律家もたくさんいますが――そういう法律家を抹殺するのが私の使命でありますが(笑)、その話はちょっと横に置いておきます。

条文というのは法律家にとっても他者です。つまり法学として、あるいは法律解釈論として説得的な議論をするためには、自分のベタな思い、俺はこうしたいというだけでは説得力を持たない、これが法律解釈学のルールです。法解釈として説得力を持つためには、「ほら、条文とこんなに整合的に説明できるでしょう」と、あえて自分ではないものに引きつけて説明をしなければいけません。

私も、いやな人に会えば、「そんなやつはすぐ捕まえてしまえ」と言いたいことはあります。でも、法解釈のフィールドで闘うときには条文とあえて結びつけなくてはいけない。「条文の内容がこうなっていて、こうだから、こうなんですよ」と自分で自分を型にはめなくてはいけない。だから、非常に窮屈な思いをするわけですが、そうした思いを経る中で自分の視点を相対化する、これが法解釈のルールです。

それでは最後に、何が大事かという問題提起をさせていただこうと思います。今、立憲主義と民主主義は対立する、これをどう調整するのかという議論が注目を集めています。「ａｔプラス」という雑誌の21号で憲法特集をしておりますが、そこでも立憲主義と民主主義の対立がテーマとされています。

しかし、この立憲主義と民主主義は対立するという言い方にはよく注意しなくてはいけません。現在の日本では、憲法を守るべきかどうかが政治的争点になってしまっています。たとえば、國分先生も話されたように、さいたま市の三橋公民館で、「梅雨空に『九条守れ』の女性デモ」という俳句が、会報には載せられませんと公民館から言われたということがありました。市や教育委員会の側は、「憲法９条は政治的争点なので」とおっしゃったわけです。でも、この句は、集団的自衛権の行使に反対ではなくて、憲法を守れという俳句です。

つまり、さいたま市の教育委員会は、憲法を守るべきかどうかということが政治的争点であると考えたらしいのです。しかし、当然のことながら憲法を守るべきかどうかは、立憲主義を採る限り当然守るべきものでありまして、政治的争点ではないはずです。形の上では、安倍首相だって「はーい。憲法9条無視しまーす！」と言っているわけではない。集団的自衛権行使も、憲法に適合していますという説明を一応はしています。

ですから、このさいたま市教育委員会の言い方は安倍総理に大変失礼な言い方になっております。なぜなら、さいたま市教育委員会は「総理が今、憲法違反したいと言っているのに、憲法を守れとは何事か」と言っているのと同じだからです。しかし、安倍首相は「憲法違反したい」なんてことおっしゃってはいない。あくまで、9条を守った上で閣議決定をしたといっているのです。ですから、教育委員会のこの対応については、かなり疑問に思います。

## 自分のしたいように決定する反知性主義憲法

さて、こういう現状を見ると、なおさら、憲法を守るという主張と、憲法よりも民主主義を守らなければいけないという主張とが対立しているのではないか、どうもそういうふうに問題を捉えがちです。しかし、ちょっと落ち着いて考えていただきたい。

國分先生が先ほど紹介していた長谷部恭男先生は、私の師匠筋にあたるわけですが、彼は大変恐ろしい人でして、先ほど紹介していただいた新書ではわりとライトな感じなのですが、学術論文では大変な主張をしています。

少し前なんですが、公法学会の総会報告の冒頭、一番偉い人がやる報告で長谷部先生が何を話したかというと、「憲法制定権力という概念は無意味であって、国民の憲法制定権力という概念は有害なので、捨てましょう」と言いました。

これは非常に恐ろしいことです。これは、まさに哲学的な論点なのであとで議論させていただこうと思っています。

予めポイントだけ指摘しておくと、国民主権とか国民の憲法制定権力という概念を使うと、国民が憲法を制定する権力があるんだ、だから今ある憲法を国民が変えてもいいし、あるいは、国民が新しい憲法を制定してもいいというタイプの議論につながっていくわけです。

けれども、では、そこで言う「国民」を定義しているのは、誰かという問題があるわけです。そこには、果たして在日外国人が入っているのかいないのか、それによって全然国民主権の内容が違ってきますね。あるいは「国民」というけれども、実は国民の範囲が東京都民に限定されていたとかという可能性もあったりするわけです。

これは、空論に思えるかもしれませんが、スコットランド独立に関する住民投票では、誰に投票権を与えるかが議論になっていました。結局、住んでいる場所で決めたようですが、先祖代々スコットランドの家系の人なのに、川を渡った側にいるから投票権が無い、ロンドンで就職した息子に投票権が無い、逆に、たまたまこの数年で引っ越してきた人には投票権がある、ということになり、不満が続出したようです。

そういう意味で、国民が主権を持っているとか、民主主義と言っただけでは内容は全く定まらない。民主主義とか国民と言ったときに、それを定義する何らかのルールがある。そのルールが憲法です。ですから、実は今、対立がもしあるとしても、それは憲法と民主主義が対立しているのではなくて、憲法Aを守れという立憲主義Aと、憲法Bを守れという立憲主義B、それが対立をしているということです。

國分先生はこの問題状況を反知性主義、つまり「あいつらはアホで何もわかっていない」というふうに批判されておるわけですが、その後に「そう言うだけではだめだ」とおっしゃいました。よく考えると、前半部分では「あいつらはアホだ」と言っているわけですが（笑）、簡単に言うと、憲法Bとは反知性主義憲法です。

反知性主義憲法というのは私の言葉で言いかえますと、つまり技術者としての、あるいは他者としての規範解釈者を置かずに、もう本当に、ある人が自分のしたいように決定を行うという、そういうタイプの憲法です。

今ある日本国憲法の、あらゆるところに他者を配置して、統治機構を動かすためにさまざまな他者の視点を経由しなければいけないという非常にややこしい体系と、もっと一元的に何らかのベタな主体によって、ほかの他者を全く無視した形で動かせる憲法のほうがいいのではないか、という二つの憲法が対立している。

これは立憲主義と民主主義という対立ではなくて、今ある憲法と、他者を排除するタイプの憲法Bの対立です。今、問われているのは、日本国憲法のこの他者の視点を置きつつ統治を進めようという、民主主義でもあり立憲主義タイプの憲法Aと、技術としての法を無視するタイプのもう一つの憲法Bが対立をしている。この二つの憲法が対立しているという状況だと思って、今後の政治状況を見ていく必要があるのではないか。

きっと、どんなに民主的だとしても、安倍首相はくじ引きで首相を決めることには同意をされないと思います。しかし、先ほども言ったように、裁判員などはくじ引きで決められているのですから、それもまた一つの民主主義であるということです。

結局民主主義という漠然としたくくりで議論をしていても、なかなか話は深まりません。民主主義と立憲主義に対立があるのではなくて、彼らの前提としているルール、憲法こそが問われているのではないか。現行憲法と彼らの憲法のどちらの憲法が魅力的かが問われているのだということだと思います。

# 哲学と憲法学で読み解く民主主義と立憲主義

——対話篇

2014年8月

國分功一郎×木村草太

## 憲法制定権力とは何か？

**國分**　木村さんのお話を伺って大変勉強になりました。さて、最初に、少しだけ哲学っぽい話をしたいと思います。

おしまいに木村さんのおっしゃった、憲法制定権力の話は非常におもしろく、そして非常に難しい話ですね。これは僕もちょうど関心をもっている概念なんですが、簡単に言うと、民衆のもつ憲法をつくる力、あるいは権力のことですね。現行の秩序、それを支える法規範の効力の根拠をそのような概念で名指しているわけです。

木村さんが紹介された長谷部恭男先生（憲法学）の説は非常に説得力がありますね。「民衆」ではなくて「国民」という言葉をお使いになっているようですが、国民には憲法制定権力があるというけれど、その国民が誰かを定義しているのが憲法ではないか、というわけです。つまり、「国民が憲法をつくる」と言っても、国民から憲法に向かって簡単に矢印が描けるわけじゃない。話はこんがらがっている。わざと複雑な言い方をすると、規定する者（国民）によって規定されたもの（憲法）が、実は、規定している者の方を規定しているということです。

この問題は法学にも哲学にもずっとあります。しかし、先ほどのお話ですと、長谷部先生は、もうそれを論じる必要はないという立場であろうと思われます。

これはたぶん歴史的に言うと、20世紀オーストリアの公法学者ハンス・ケルゼンの考えに近いのではないでしょうか。つまり、憲法制定権力のようなものがあることは認めるが、法学の対象ではないと考える。

僕自身は、どういう立場をとるにせよ、憲法制定権力の存在を見据える必要があるという考えです。ただ、憲法制定権力の存在を見据えるという所作そのものが危険と隣り合わせであることも同時に指摘しなければなりません。

たとえば、アントニオ・ネグリという哲学者がいます。ネグリは、法学者たちは憲法制定権力の話をしていてもそれを飼い慣らした気になっていると述べています（『構成的権力』松籟社）。法学者たちが言う憲法制定権力は、ペットのように飼い慣らされた動物である、と。しかし、そもそも憲法制定権力は飼い慣らすことのできない、野生動物のようなものだというわけです。

別に僕は木村さんを前にして法学者を批判したいわけではないんですが（笑）、とにかくそういうことを言っている哲学者がいるわけですね。

確かに憲法制定権力というのは、民衆が、法規も何にもない状態で持っている力、しかも一つの秩序を作り上げる力として想定されているものですから、それは簡単には飼い慣らすことのできない力と見なすことができる。だから、「そういう力が民衆にはあるのだ」と何の準備もなしに肯定してしまえば、それは暴動を喚起することにも近づいてしまう。僕が言っている危険というのはそういうことです。

実際、近代の国家というのは、そういう力が爆発した16世紀、17世紀の宗教戦争を目の当たりにして、その力を何としてでも押さえ込んで国家の秩序をつくらなければならないという苦闘から生まれたものです。

でも、憲法制定権力は現行の秩序から遡って想定されるものですから、法学がそれを取り扱わないというのはありだと思う。けれども、たぶん哲学はそれを問わないわけにはいかない。

もう一つ、木村さんは立憲主義と民主主義の対立の話をされました。つまり、対立と捉える必要はないではないかということですね。これもよく分かります。

ただ、「民主主義」という言葉に曖昧さがあり、それが悪用もされてきたという歴史がある。民主主義という言葉をとても民主的とは思えない勢力が利用する場合があって、それを警戒するために、立憲主義との対立においてそれを捉えるという理論構成は必要だと思うんですね。

立憲主義と民主主義の関係というのは、踏み込むと非常に難しい問題ですが、立憲主義と民主主義的な手続きを、どのようにして、うまく絡ませていくかということが課題なのだろうと思います。

**木村**　今、ケルゼンという名前が出てきました。たぶん、一般の方の中には誰だろう?と思っている方が多いと思います。非常にマニアックなんですけれども、憲法学にとっては、すべての議論の基礎となるぐらい重要な人物です。先ほど紹介した長谷部先生の論文も、まさにケルゼンの論文を引いています。

難しい言い方になるのですが、ケルゼンは、「国家とは何か」という問いに対して、「擬人化された法秩序」だと答えた人です。国家と法を同視する、そういう議論をしていました。

この議論の何がすごいかというと、普通、「国家とは何か」と問われたら、「国家とは、国民の意思の総体としての主権者により人々を統治する、有機的一体としてのシステムです」とか何とか、国家の本質とは何かみたいなことを延々と議論してしまうわけです。

そんな中にあって、ルールに従って動いている秩序が国家であり、ルールがないところには法もないし、国家もない。ルールがあれば、そこに国家と法があるというタイプの議論をしたんです。長谷部先生はよく、「チェスが存在するということとチェスのルールがあるということは同じことだ」とおっしゃいます。

普通の感覚からすると結論から逆立ちしたような議論で、ややこしいことこのうえないわけですが、そうしたケルゼンから見ると、法ないし国家がどうできるのかというのは、まさに法学の対象外だ、と彼は言っているわけです。それは事実の問題だからです。

**國分**　そう、事実の問題ですよね。

## デモの飼いならせない力

**木村**　私はケルゼニストなので、法や国家を樹立する行為自体は、法的には説明できないと考えています。ただ、事実として、現に今、「これを法や国家として扱おう」という規範が存在しているとの認識が成立して、共有されることはありえます。そこで、その規範がどのようなものかを解明し、より良い規範に解釈するにはどうしたらよいかを議論するのが、法的な態度であると考えています。

憲法制定権力という言葉を使う場合に気をつけなくてはいけないのは、憲法が制定された過去の時点を振り返って、「みんながこいつの言うことに従ったのだから、こいつが憲法制定権力だったのだ」と過去の事実を説明するときに使う場合と、将来に向けて、「こいつが憲法制定権力なのだから、こいつの言うことを聞け」というタイプの議論をする場合とを、しっかりと区別しなければならないということです。憲法制定権力は、このどちらの文脈で話しているかによって、意味合いが全く違ってくるのです。

例えば、1946年の日本で、帝国議会だったのか、マッカーサーだったのかわかりませんが、憲法制定権力があったという話は、事実の問題として議論できるでしょう。けれども、その憲法制定権力が、今もなお存在しているのだという考え方は非常に危険なのでやめておきましょう。そういうタイプの飼いならし方をしようというのが法学者の考え方です。「憲法制定権力なんてばかばかしいからなくしてしまえ」というよりは、「今生きている憲法制定権力なんて危なくて飼いならせないから、触らないでおこう」という、そういう議論だと思うわけです。

**國分**　過去にそういう力があったはずだという話と、今もなおその力がここにあるという話を分けたほうがいいというのは、全くそのとおりです。先ほど挙げたネグリは、どうもその辺りを混同しているように思われる。確かに現在秩序があるのだから、その秩序を作った力があるはずだ、と。それはそうなんですが、その力を実体化しようとすると危険がともなう。

まさしく木村さんが言った「こいつが憲法制定権力なのだから、こいつの言うことを聞け」という話になってしまうと、もう最悪なんです。革命下においてはそういうことが起こるわけですけれどね。とにかく、「これこそが憲法制定権力をもった民衆の声だ。これに従え」ということになると、正統性争いが発生して、最後には暴力ですよ。暴力によって決することになる。だからこそ、立憲主義的に、憲法が定めた手続きに則って物事を決めていくということが本当に大切なんです。

ただ、憲法制定権力の話をするときに、僕がよく思うのはデモのことなんです。以前、デモ論で書いたことがあるんですが、突き詰めて言うと、僕はデモによって民主主義を補完するというのはちょっと違うと思っているんです。デモにおいて現れているのは、民主主義はおろか、秩序そのものを壊乱する力がもしかしたら今すぐにでも発揮されるかもしれないという可能性なんですね。

どうして人がただ外に出ているだけで政治権力にとって脅威なのか？　それはデモが、「もしかしたら、こいつらは今の秩序を壊すかもしれない」「普段は上の言うことを静かに聞いているけれども、何かのきっかけで、どんなことが起こるかわからない」という可能性を示しているからです。それによって支配者に緊張感を与えるのです。

ですから、結果としてはデモは民主主義に資する。しかし、デモに現れているのは、まさしく飼い慣らすことの出来ない力があるかもしれないという可能性なのです。そういう意味では、憲法制定権力という言い方がいいのかどうかは分かりませんが、事実として飼い慣らせない力がある。単に過去においてあったものと想定されるだけでなく、現在においても可能性、あるいは潜在性として存在している。このことは述べておきたいんです。

もちろん、デモしているだけではだめであって、それがもたらす緊張感をうまく政治的対立の中にもっていき、その中で、権力を批判したり、対立したり、同意したりといった仕方で政治上の課題を解決していくのが近代の政治のやり方でしょうから、どうしたらそうした過程が可能になるか、というのが僕が一番関心あるところです。

## 筋道を発見する

**木村**　ここから集団的自衛権の話に入っていこうと思います。結局、今回の閣議決定の問題では、政策的な妥当性云々以前に、その方法自体が乱暴だ、という声がいろいろな世論調査で出ています。これは私の師匠筋の一人、石川健治先生（東京大学教授）もよく言っていることですが、結局、他者の不在の問題ではないかと思います。

立憲主義というのは、結局のところ、まったく異なる価値観・考え方をする人たちが、互いに排除することなく、共存するための工夫です。

しかし、現在の政治状況は、同じような傾向の人たちが寄り集まって、どんどん話を進めてしまう。

「あなたの考えは一つの考え方かもしれないが、ある特定の傾向の人から見たベタな視線だけで物事を進めようとしているように見える」と一生懸命訴えているのですが、まったく聞く耳を持ってくれないまま、現に政治が動いていってしまう。

そうしたベタな視点に対して、どうやったら他者の視点に、あるいはほかの考え方に目を向けさせるのか。どうやって、思い込みの殻を破るかという話だと思うのですが、どうお考えになりますか？　國分先生は、人生相談の名手ですから（笑）、ぜひ伺いたいんです。

**國分**　うーん……それは、難しいですね。

**木村**　やはり、今、「安倍政権を退陣させる方法」を聞きたいという方もいるでしょう。あるいは、市民の側が何をすればいいのか、具体的に何ができますか？ということを、質問をいただくことも多いと思うのですが。

**國分**　うーん、そうですね。小林節先生とお話ししたときは、結局、問題は選挙なのだということを強調されていました。選挙にきちんとみんなが行って投票しなくてはいけない。選挙というのは情報戦だから、きちんと情報を共有していくことが大切だと。僕もその通りだと思います。つまり、そういうものすごく当たり前の課題しか、今のところは出せないですね……。

ただ僕が最初にお話しした筋道の話と、いま言った情報の話。これは大切だろうと思います。たとえば、集団的自衛権に関連してものすごくたくさんのワードが出てきました。もう忘れているかもしれません。僕も全部は思い出せない。たとえば、「グレーゾーン」とかいった言葉もあった。

**木村**　「グレーゾーン」とか「機雷掃海」とか「積極的平和主義」とか……。

**國分**　ああいうのは明らかにたくさんワードを出して混乱させるためにやっているわけですよ。一つの明確なスローガンを出すとそれを批判されるから、どんどんワードを変えていく。有権者が十分に政治にキャッチアップできないようにするための戦略ですね。

だから、ワードに惑わされず、筋道を発見することが大切になる。僕自身の哲学というのは欲望の哲学なので、僕は常に欲望の筋道を探します。いまの政局においてうごめいている欲望とは結局何なのかを見極めようとする。

さきほど示したのは、その一例です。欲望の観点から眺めた時、一つ見えてくるのは今の政府や一部の世論にある、戦後の憲法体制への憎悪だろう。そこから説明するといろいろなことに説明がつくわけですね。

つまり、政府が出した集団的自衛権を行使する場合の15の事例とか、あんな神学論争みたいなものに足を突っ込む必要はない。たとえば軍事の専門家には、「この事例は非現実的だ」といったことを説明してもらいたいけれども、有権者はあれに惑わされてはなりません。むしろ筋道を発見することに知力を使うべきです。

そのためには情報が必要。こうした集会の場とか、本とか情報源が必要。ただ、最終的な行動としては、選挙こそが一番大切だということになるでしょうね。

## 戦後民主主義への憎悪を解消するには？

**木村**　あえて議論したほうがおもしろいと思いますので、少しだけ疑問をはさませてください。安倍首相たちに対して、「あなた方は結局、戦後体制が嫌なんでしょう？　それが本音なんでしょう?」と言いたくなるのは私もよくわかります。けれども、そう尋ねても、「いや、そんなことはないです」「激動する国際情勢の中で必要だからやるんです」、とこういう議論をしてくるわけですね。

だから、國分先生のように、そこにある欲望を指摘することは大事だと思うのですが、戦後体制を覆すつもりですか?という問いに対しては、反応しないわけですよね。

**國分**　全くそのとおりです。ただ僕がこういうことを言うのは非常に長期的な課題を考えているからなんです。というのも、僕自身も戦後民主主義的なものへの違和感は強くあるんですよ。僕は1974年生まれで、「護憲派」と「改憲派」が空中戦をやっているのを見たことがある世代ですが、あれもすごくイヤだった。

その文化の中に生まれた僕は、まぁ良いか悪いかは分からないがこういう人間になった(笑)。で、他方では、インターネットで日本の近隣諸国の悪口を言うことが「保守」だと真剣に信じている人間たちもでてきた。彼らの中心は僕の世代ですね。これはやはり反省するべきだと思う。何かが好きなのではなくて、何かが嫌いということで形成されるアイデンティティというのは間違いなく何かおかしいんです。

たぶん、これまでも多くの日本の思想家や知識人が指摘してきたことなのでしょうけれど、日本の戦後文化に何かおかしいものがあって、その帰結が、インターネットで日本の近隣諸国の悪口を言っている連中であり、彼らに支持される戦後生まれの首相なのでしょう。彼らは鬼子じゃない。戦後民主主義の嫡子《ちゃくし》なんですよ。

だから、ああしたパッションを理解して、彼らのような人たちがどうして出てきているのかを理解し、それこそ10年、15年、20年かけて、有効な、新しい文化を作り出さなければならない。僕はそこに関心がある。たしかに、木村さんがおっしゃる通り、この話を相手に投げかけても意味はありません。もっと長期的な話なのだと思います。

**木村**　結局、戦後民主主義への憎悪みたいなものを、どういう気持ちとして解消していくかということだと思うんですね。

今、ちょうど『ブラックアウト』、『オール・クリア（1・2）』（コニー・ウィリス、早川書房）というイギリスのSFを読んでいます。この小説でロンドン空爆を扱っているんですが、この空爆の思い出というのがロンドンの人と東京の人で全然違うわけです。

ロンドンの人の空爆体験は、邪悪なナチスに屈服しないために、市民全体が一丸となって戦っているという形で描かれる。けれども、東京大空襲はそうではない。一応こっちが悪い側なのだけれども、その一方で無垢の民衆、基本的には人を殺したこともないような一般市民が大量に虐殺されるという、非常に理不尽な状況、意味を付与できない暴力として、我々は東京大空襲を語ってしまうわけです。

そういうふうに考えると、結局、この戦後体制というものについて日本の側から意味づけることがすごく難しい。だからといって、開き直って「俺たちは何も悪くない」ということにしようとすると、近隣諸国云々以前に、やはり、ちょっと筋の通った説明になりません。

ですから先ほどの國分先生のお話は、「どうやって誇りを持ったストーリーをつくっていくかということを考えていかないと、何か下地の部分が解消しないよ」というメッセージとして受け取ったんですが、そういうことでしょうか？

**國分**　「誇り」という言葉を使うかどうかはともかくとして、そういうことです。最近、白井聡さんの『永続敗戦論――戦後日本の核心』（太田出版）という本が話題になりました。日本は戦後、敗戦を否定する姿勢をダラダラと続けてきたという話です。何かを認めようとしないでごまかす。だからこそ、「俺たちは確かに誤った。だからこそそれを反省し、こういった仕方でやり直してきた」と言えるストーリーが作れなかったんでしょうね。

ところが現在の日本社会というのは、誤りを認めるどころか、それをなかったことにして、誤りがなかったが故に「誇り」を持てるという論理を作り上げようとしている。手の付けようがない状態です。だからこそ僕は、長期的な課題を考えているという感じです。（了）

# 付録：軍事権を日本国政府に付与するか否かは、国民が憲法を通じて決める
## ──衆院特別委員会中央公聴会 公述

２０１５年７月

本日は、貴重な機会をいただきありがとうございます。今回の安保法制、特に集団的自衛権の行使容認部分と憲法との関係について、意見を述べさせていただきます。*1

### 1　結論：日本への武力攻撃の着手のない段階での武力行使は違憲

まず、結論から申しますと、日本国憲法の下では、「日本への武力攻撃の着手」がない段階での武力行使は違憲です。ですから、「日本への武力攻撃の着手」に至る前の武力行使は、たとえ国際法上は集団的自衛権として正当化されるとしても、日本国憲法に違反します。

政府が提案した存立危機事態条項が、仮に「日本への武力攻撃の着手」に至る前の武力行使

*1──本稿は、２０１５年７月13日、衆院平和安全法制特別委員会中央公聴会で意見陳述した内容である。

を根拠づけるものだとすれば、明白に違憲です。

さらに、今までのところ、政府は「我が国の存立」という言葉の明確な定義を示さないため、存立危機事態条項の内容はあまりにも漠然不明確なものになっています。したがって、存立危機事態条項は、憲法9条違反である以前に、そもそも、漠然不明確ゆえに違憲の評価を受けるものと思われます。

また、維新の党より提案された武力攻撃危機事態条項も、仮に「日本への武力攻撃の着手」がない段階での武力行使を根拠づけるものだとすれば、憲法に違反します。

逆に、「武力攻撃危機事態」とは、外国艦船への攻撃が同時に日本への武力攻撃の着手になる事態を意味すると解釈するのであれば、武力攻撃危機事態条項は合憲だと考えられます。

以下、詳述します。

## 2　日本国憲法の下で許容される武力行使の範囲

まず、日本国憲法が、日本政府の武力行使をどう制限しているのか説明します。

### ◉1　憲法9条とその例外規定

日本国憲法9条は、武力行使のための軍事組織・戦力の保有を禁じていますから、「外国への武力行使は、原則として違憲である」と解釈されています。

もっとも、例外を許容する明文の規定があれば、武力行使を合憲と評価することは可能ですから、9条の例外を認める根拠となる規定は存在するのかを検討する必要があります。

従来の政府および有力な憲法学説は、憲法13条が「自衛のための必要最小限度の武力行使」の根拠となると考えてきました。憲法13条は、「生命、自由及び幸福追求に対する国民の権利」は「国政の上で、最大の尊重を必要とする」と定めており、政府に、国内の安全を確保する義務を課しています。個別的自衛権の行使は、その義務を果たすためのもので、憲法9条の例外として許容されるという解釈も可能でしょう。

他方、「外国を防衛する義務」を政府に課す規定は日本国憲法には存在しませんから、9条の例外を認めるわけにはいかず、集団的自衛権を行使することは憲法上許されない、と結論されます。

### ◉2　軍事権の不在

また、自衛のための必要最小限度を超える武力行使は、憲法9条違反とは別に、政府の越権行為としても違憲の評価を受けます。

そもそも、国民主権の憲法の下では、政府は、憲法を通じて国民から負託された権限しか行使できません。そして、日本国憲法には、政府に「行政権」と「外交権」を与える規定はあるものの、「軍事権」を与えた規定は存在しません。憲法学説は、このことを「軍事権のカテゴリカルな消去」と表現します。

憲法が政府に軍事権を与えていない以上、日本政府が軍事権を行使すれば、越権行為であり違憲です。

では、自衛隊は、どのような活動をできるのでしょうか。

まず、「行政」権とは、自国の主権を用いた国内統治作用のうち、立法・司法を控除したものと定義されます。「自衛のための必要最小限度の武力行使」は、自国の主権を維持する行為なので、「防衛行政」として行政権に含まれるとの解釈も十分にあり得ます。

また、「外交」とは、相互の主権を尊重して外国と関係を取り結ぶ作用を言います。武力行使に至らない範囲での国連ＰＫＯへの協力は、「外交協力」の範囲として政府の権限に含まれると理解することもできるでしょう。

これに対し、他国防衛のための武力行使は、日本の主権維持作用ではありませんから、「防衛行政」の一部だとは説明できません。また、相手国を実力で制圧する作用なので、「外交協力」とも言えません。

集団的自衛権として正当化される他国防衛のための武力行使は、「軍事権」の行使だと言わざるを得ず、越権行為として憲法違反の評価を受けます。

## 3 自衛のための必要最小限度の武力行使

では、「自衛のための必要最小限度の武力行使」とは、どのような範囲の武力行使を言うのでしょうか。

法的に見た場合、日本の防衛のための武力行使には、「自衛目的の先制攻撃」と「個別的自衛権の行使」の二種類があります。

前者の「自衛目的の先制攻撃」は、日本への武力攻撃の「具体的な危険」、すなわち「着手」がない段階で、将来武力攻撃が生じる「可能性」を除去するために行われる武力行使を言います。

他方、後者の「個別的自衛権の行使」は、日本への武力攻撃の「具体的な危険」を除去するために行う国際法上の個別的自衛権で認められた武力行使を言います。武力攻撃の具体的な危険を認定するには、攻撃国の武力攻撃への「着手」が必要であり、着手のない段階での攻撃は、「必要最小限度の自衛の措置」に含まれません。

先ほど見た憲法13条は、国民の生命・自由・幸福追求の権利を保護していますが、それらの権利が侵害される具体的危険がない段階、すなわち抽象的危険しかない段階で、それを除去してもらう安心感を保障しているわけではありません。したがって、「自衛目的の先制攻撃」を憲法9条の例外として認めることはできません。「自衛のための必要最小限度の武力行使」と認められるのは、「個別的自衛権の行使」に限られるでしょう。

## 4 合憲論からの反論とその批判

これに対し、集団的自衛権が行使できる状況では、既に外国に武力攻撃があり、国際法上は「他国防衛のための措置であり、先制攻撃ではない」との反論が想定されます。

しかし、国際法上の適法違法と、日本国憲法上の合憲違憲の判断は、独立に検討されるべきものです。

外国への武力攻撃があったとしても、それが日本への武力攻撃と評価できないのであれば、仮に国際法上は、集団的自衛権で正当化できるとしても、憲法上は、違憲な先制攻撃と評価されます。

また、政府は、最高裁砂川事件判決で、集団的自衛権の行使は合憲だと認められたと言います。

しかし、砂川判決は、日本の自衛の措置として米軍駐留を認めることの合憲性を判断したものにすぎません。さらに、この判決は、自衛隊を編成して個別的自衛権を行使することの合憲性すら判断を留保しており、どう考えても、集団的自衛権の合憲性を認めたものだとは言えません。

以上より、日本国憲法の下で許容されるのは、「日本への武力攻撃の着手があった段階でなされる自衛のための必要最小限度の武力行使」に限られます。このため、集団的自衛権の行使は、憲法違反になります。

ただし、日本と外国が同時に武力攻撃を受けている場合の反撃は、国際法的には、集団的自衛権でも、個別的自衛権でも正当化できます。このため、同時攻撃の場合に、武力行使をすることは憲法違反にはならないでしょう。

## 5 存立危機事態条項について

では、今回の法案の存立危機事態条項について、どう評価すべきでしょうか。

皆様もご存じの通り、「存立危機事態」という概念は、今回初めて登場した概念ではありません。昭和四七年の政府見解は、「わが国の」「存立を全うするために必要な自衛の措置をとることを禁じているとはとうてい解されない」としており、存立危機事態で自衛の措置をとることを認めています。

昨年7月1日の閣議決定も、「外国への武力攻撃によって存立危機事態が生じたときには、昭和四七年の政府見解とは矛盾せずに日本は武力行使できる」という趣旨の議論を展開しています。形式的にはその通りでしょう。

昭和四七年見解は、存立危機事態を認定し「わが憲法の下で武力行使を行うことが許されるのは、わが国に対する急迫、不正の侵害に対処する場合に限られる」と明言しています。つまり、「我が国の存立」が脅かされる事態だと認定できるのは、武力攻撃事態に限られる、と述べているのです。

そもそも、近代国家とは主権国家ですから、法学的には、「我が国の存立」が維持されているかどうかは、「日本が主権を維持できているかどうか」を基準に判断します。

国家間の関係のうち、「外交」は相互の主権を尊重する活動、「軍事」は相手国の主権を制圧する活動ですから、「国家の存立が脅かされる事態」とは、軍事権が行使された状態、武力攻撃を受ける事態だと定義せざるを得ないのです。

そうすると、昭和四七年見解と矛盾しない形で「存立危機事態」を認定できるのは、日本も武力攻撃を受けている場合に限られるでしょう。

しかし、現在の政府の答弁は、「我が国の存立」という概念についてほとんど明確な定義を与えていません。むしろ、「存立危機事態」は日本への武力攻撃がない段階では認定できないという説明を避け、石油の値段が上がったり、日米同盟が揺らいだりする場合には、日本が武力攻撃を受けていなくても存立危機事態を認定できるかのように答弁をすることもあります。

「我が国の存立」という言葉を、従来の政府見解から離れて解釈するのであれば、存立危機事態条項は、日本への武力攻撃の着手がない段階での武力行使を根拠づけるもので、明白に憲法違反です。

以上の見解は、著名な憲法学者はもちろん、歴代内閣法制局長官ら、憲法解釈の専門知識を持った法律家の大半が一致する見解ですから、裁判所が同様の見解を採る可能性も高いと言えます。これまでの議論を見る限り、存立危機事態条項の制定は、看過しがたい訴訟リスクを発生させます。

存立危機事態条項が日本の安全保障に必要不可欠であるなら、そのような法的安定性が著しく欠ける形で制定すべきではなく、憲法改正の手続きを踏むべきでしょう。

また、そもそも、現在の政府答弁では、「我が国の存立」という言葉の意味が、あまりに漠然としています。明確な解釈指針を伴わない法文は、いかなる場合に武力行使を行えるかの基準を曖昧にするもので、憲法9条違反である以前に、そもそも、曖昧不明確ゆえに違憲だと評価すべきでしょう。

さらに、内容が不明確だということは、そもそも、今回の法案で、可能な武力行使の範囲に過不足がないかを政策的に判定することはできない、ということになります。

どんな場合に武力行使をするのかの基準が曖昧不明確なままでは、国民は法案の適否を判断しようがありません。仮に、法律が成立したとしても、国会は、武力行使が法律に則ってなされているか、判断する基準を持たないことになるでしょう。

これでは、政府に武力行使の判断を白紙で一任するようなもので、「法の支配」そのものの危機です。

## 6 武力攻撃危機事態条項について

さて、日本への武力攻撃の着手がない段階で、武力行使を認めることが憲法違反になるという法理は、維新の党より提案がありましたいわゆる武力攻撃危機事態条項にもそのまま当てはまります。

もし、維新の党の提案が、日本への武力攻撃の着手のない段階での武力行使を認める条項であるとの解釈を前提にしたものであるなら、憲法違反です。

したがって、武力攻撃危機事態条項について、「これまでは認められてこなかった個別的自衛権の『拡張』である、ないし集団的自衛権の行使容認である」といった説明を行うことは不適切であり、避けるべきでしょう。

ただし、維新案における武力攻撃危機事態条項は、米艦など他国への攻撃が、同時に日本への武力攻撃の着手になる場合に武力行使を認めたものと解釈するのであれば、また、そう解釈する限りで合憲と言えます。

もっとも、外国への攻撃が同時に日本への武力攻撃の着手になる事態であれば、現行法でも武力攻撃事態と認定でき、個別的自衛権を行使することが可能です。この点は、1975年10月29日の衆議院予算委員会における宮澤喜一外務大臣答弁、1983年2月5日の衆議院予算委員会における中曽根康弘首相、角田法制局長官の答弁でも確認されています。

したがって、維新の党の皆様よりご提案のあった武力攻撃危機事態条項は、武力攻撃事態条項の内容の一部を「確認」する条項だということになるでしょう。

このような従来の法理を「確認」する条項は、法の内容を明確にするという点では、意義がありえます。これまでにも、従来の政府解釈や最高裁の判例法理を明確に確認するために立法が行われた例は多くあります。

逆に、維新案の内容を拒否した場合には、政府案が、日本への武力攻撃の着手がない段階での武力行使を行う内容であることが明確になるでしょう。対案の提示は、政府の考え方を明確にする一助になるという点でも意義があるものと言えます。

## 7 まとめ

以上述べたように、集団的自衛権の行使は憲法違反となります。もちろん、存立危機事態条項が違憲であるという事実は、集団的自衛権の行使容認が、政策的に不要であることまでを意味するものではありません。

集団的自衛権の行使容認が政策的に必要なら、憲法改正の手続きを踏み、国民の支持を得ればよいだけです。仮に、改憲手続きが成立しないなら、国民が、改憲を提案した政治家、国際政治・外交・安全保障の専門家、改憲派の一般市民の主張を「説得力がない」と判断したというだけでしょう。

先ほど強調しましたように、国家は、国民により負託された権限しか行使できません。軍事権を日本国政府に付与するか否かは、主権者である国民が、憲法を通じて決めることです。憲法改正が実現できないということは、それを国民が望んでいないということでしょう。

憲法を無視した政策論は、国民を無視した政策論であることを自覚しなければならないはずです。

# あとがき

報道を見ていると、現在の政府に対して「戦争法案はやめろ！」といったスタンスの反対運動が盛り上がっているようだ。これには、一人の国民として共感する一方で、憲法学者としては若干の違和感を覚える。というのも、そもそも集団的自衛権というのは、「不当な侵略に対しては、共同で防衛に当たる必要があるのが正義ではないか」、「不当な侵略国家に苦しむ人々を助けるのは、国際社会の義務ではないか」という問題意識から生まれたものだ。

一般には武力行使はいけないことだとしても、現に世界の中で不当な紛争に苦しめられている人々を助けるのは、先進国たる日本の義務ではないか、日本も集団的自衛権を行使すべきではないか、という国際政治学者や国際法学者の主張に、私はそれなりの説得力を感じている（ただし、国連安保理の判断や国際法の枠組みには改善の余地も多く、集団的自衛権の行使容認は、それらの改革が前提条件になるとも思っている）。

しかしながら、現在の政府が主張する集団的自衛権行使容認には、そうした国際平和に貢献しようという崇高な理念は感じられない。日本の利益ばかりを優先して、他の国々のことなど念頭にないように思える。だから、多くの国民が、「これは戦争法案だ」と直感的に非難するのは、正しいのだろう。こうした直感的な言説は、多くの共感を生み、現に、市民による反対運動は広がりを見せている（もちろん、集団的自衛権の意義を踏まえたうえで、それでもなお武器を使うのは良くない、難民保護・技術指導・医療援助など、非軍事的な国際貢献に特化すべきだ、と考えている人もたくさんいる）。

ただ、ここで気になるのは、直観に基づく言説は、共感は呼んでも説得はできないということだ。「これは戦争法案などではない」と考える人を説得するには、自分たちの感じていることに対し理論によって形を与えることがどうしても必要だ。

また、直感に基づく行動力は、強い情熱によって多くの人をひきつける一方で、時の経過と共に冷めやすい。法律が運用されるときが来るまで、政府の行動を辛抱強く監視し続けるには、冷静な理論を身につけることが不可欠だ。

憲法学の議論は、多くの国民が感じている政府への直感的な不信感に、理論としての形を与える。ぜひこれを共有して、これからの日本がよりよい方向に進むよう、政府を監視するために役立ててほしい。

私は憲法学者なのだから、私に発言を求める人は、憲法学の観点からの発言を求めているはずだ。だから、あくまで憲法にこだわり、憲法の条文や、憲法の歴史から語れることだけを語るようにしている。

そうしていると、「リアリスト」を自認する人から、「憲法学者の言うことは空論ばかりだ」と、悪口を言われることがある。また、「これは憲法違反ではないか」と言うと、「現実」のために合憲と言え、と言われたりする（別に私は憲法ではないので、私の一存で違憲なものを合憲なものに変えることはできないのだが……）。

でも、ちょっと待ってほしい。憲法の条文はたしかにかなり抽象的だ。法律の中でも、もっとも抽象的なほうだろう。しかし、抽象的だからといって、それが空論だというわけではない。

立憲主義の起源の一つは、1215年のマグナカルタだと言われる。戦争好きなジョン王が、資金集めのために無茶な重税を課したのに対し、諸侯たちが怒って、国王にこれこれの約束をしろ、と突きつけた契約だ。これが、歴史学的にどこまで精密な見解かどうかはともかく、好き勝手する権力者は、法で拘束しなければならないことを示した重要な事案の一つであることは否定できないだろう。

それ以降も、一般の国民を苦しめる権力者はたくさんいた。人気者のナポレオンも、ロシアにまで侵略しようとして、国民を苦しめた。アメリカでは、南北戦争が終わるまで黒人を奴隷としてきたし、黒人の平等な権利を求める公民権運動が盛んになったのはつい1960年代のことだ。ヒットラーは、何の罪もないユダヤ人を大虐殺した。スターリンは、自分の権力を危うくしそうな人を次々と殺した。

こうした数々の国家による不正に対し、国民の権利を守るために作られたのが憲法だ。憲法の条文は、今見るととても抽象的に見えるけれど、その背景には、過去の教訓がぎっしりと詰まっている。

簡単に言えば、憲法を学ぶということは、権力者が犯しがちな失敗を学ぶということなのだ。そこには歴史に基づくリアリズムがある。憲法を無視するということは、人類の叡智を無視するということだ。憲法を無視した政策論は、時流に乗った軽率な議論である可能性を疑わねばならないだろう。

さらに、「現在」の観点に限定して考えたとしても、憲法とは、主権者である国民の意思だ。たとえ70年前に作られた憲法であろうと、その原案作成に外国人が大きく関わっていようと、その憲法を変えずに使い続けているのは、今生きている日本人だ。そこには、この憲法の下で国家を運営しよう、変える必要はない、という国民の意思がある。

憲法学者は「憲法に照らして、その政策を実現するのは無理です」と言うことがある。それに不満があるなら、国民に対して憲法改正を提案するのがスジだろう。憲法改正の手続きが厳格であることは理由にならない。なぜなら、国会の全会一致で通る法なんてたくさんあるわけで、合理的な法案なら、国会だって国民だって、賛成するはずだからだ。憲法改正が難しいからといって、憲法を無視して政策を通そうとするのは、その政策が国民に支持されていないことを自ら告白するようなものだ。

ちなみに、多くの憲法学者に比べても、私は政策論を語らず、憲法解釈論にこだわる傾向が強いかもしれない。その態度をかたくな過ぎると感じる人もいるだろう。

しかし、政策論というのは、相手が合理的な思考の持ち主である場合にしか役に立たないことに注意してほしい。

合理的な人同士であれば、現状認識や価値判断を相互に示していけば、どこが対立点か明確になり、落としどころも見えてくる。仮に双方の合意にまでは至らないにしても、多数決によってもたらされた結論に、それなりに納得できる。

しかし、権力の座に着く人が合理的な人ばかりだとは限らない。だいたい、権力者がみな合理的なのであれば、権力者は歴史に学ぶはずだから、憲法の条文などなくても基本的にはその枠内に収まるだろう。一般の国民から見て不合理なことを無理やり実現しようとする人がいるからこそ、憲法というシステムが作られたのだ。

不合理な相手に、「政策的におかしいからやめなさい」といくら言っても聞く耳を持つはずがない。権力者というのは、権力を濫用するものなのだ。憲法論が必要になるときとは、合理的な議論が困難になっているときだ。だからこそ、憲法という形式的な枠組みによって、権力者の行動を制限することに意味がある。

形式論が形式論であるがゆえに持つ強さにも、目を向けてほしいと思う。形式論を通じて、合理的な議論のテーブルに着かせることが、憲法の大事な役割の一つだ。

本書の刊行に当たっては、本当に多くの方のご協力を頂いた。

緊急出版の相談メールを送信して、30分後にはイギリスから快諾の返信を下さり、国立市の講演会の原稿もあっという間にチェックしてくださった國分功一郎先生。講演会の準備を進めてくださった国立市公民館の井口啓太郎様。この講演会の原稿をはじめ、たくさんの原稿をタイムリーに掲載してくださった「WEBRONZA」の高橋伸児様。

重要な憲法問題があるたびに原稿を依頼してくださった「ジャーナリズム」松本一弥様。松本様のおかげで、昨今の憲法をめぐる政治状況をフォローする原稿が蓄積され、本書の骨格が整った。

虚構文献の引用をダメだしせずに見守ってくださった「atプラス」柴山浩紀様。ノンフィクションの世界に招き入れてくださった「G2」(当時)林辺光慶様。読者を大切にする企画を投げてくださった「北海道新聞」(当時)関正喜様。今読みたい原稿をスピーディに要求してくださる「THE PAGE」小島健太郎様。ネットにあふれる疑問にきちんと答えることを求めてくださった「iRONNA」川畑希望様。

そして、日々の仕事に追われて、「当面の出版企画は無理そうです」が口癖になっていた私に、唯一の例外を決意させる絶妙のタイミングで本書の企画を投げてくださった晶文社の安藤聡様。安藤様は驚くほど良いタイミングですべての作業をサポートしてくださった。安藤様でなければ、この本をまとめることはできなかっただろうと思う。

そのほか、私が直接は知らないところでご協力いただいた方々。本書を手にとって下さった方々。すべての皆様に、厚く御礼申し上げます。

木村草太

2015年7月20日

## 【初出一覧】

### ■Ⅰ部

**なぜ憲法学は集団的自衛権違憲説で一致するのか？**　「THE PAGE」２０１５年６月17日、ワードリーフ

**三つの観点から考える「日本国憲法とは何か？」**　「iRONNA」２０１５年５月３日、産経デジタル（「木村草太が考える　日本国憲法とは何か？」改題）

**私を解放してくれた「日本国憲法」**　「北海道新聞」２０１４年５月２日（「憲法について、中学生や高校生のみなさんに語りたいこと」改題）

### ■Ⅱ部

**安保法制懇の無責任な報告書は訴訟リスクの塊である**　「WEBRONZA」２０１４年５月21、22、23日、朝日新聞社

**政府の憲法解釈を立憲主義の原則から検証する**　「ジャーナリズム」２０１４年５月号、朝日新聞出版（「安倍政権の解釈改憲の動きは行使容認の立場から見ても危険だ」改題）

**集団的自衛権に関する7・1閣議決定とは何だったのか？**　「Ｇ２」Vol.17、２０１４年９月号、講談社（「喝采も糾弾も措いて、『集団的自衛権』を整理する」改題）

**憲法を燃やす者たちは、いずれ国をも燃やすだろう**　「ａｔプラス」22号、２０１４年11月号、太田出版

**衆議院の解散・総選挙は憲法のルールを遵守しているか？**　「ジャーナリズム」２０１５年４月号、朝日新

聞出版（「解散・総選挙に関わる憲法論をどう報じるべきか」改題）

**文言の精緻な分析から見えてくる安全保障法制の問題点**　「ジャーナリズム」2015年6月号、朝日新聞出版（「多様な法案の一括審議を強く批判する」改題）

**「ムベンベ」から憲法へつなぐセンスオブワンダー読書案内**　「ジャーナリズム」2014年9月号、朝日新聞出版（「その本から『センスオブワンダー』を受け取れるかを重視しよう」改題）

## ■Ⅲ部

**哲学と憲法学で読み解く民主主義と立憲主義――哲学篇**　「WEBRONZA」2014年10月17、18、19日、朝日新聞社（「哲学で読み解く民主主義と立憲主義」改題）

**哲学と憲法学で読み解く民主主義と立憲主義――憲法学篇**　「WEBRONZA」2014年10月23、27、30日、朝日新聞社（「憲法で読み解く民主主義と立憲主義」改題）

**哲学と憲法学で読み解く民主主義と立憲主義――対話篇**　「WEBRONZA」2014年11月10、11日、朝日新聞社

**付録：軍事権を日本国政府に付与するか否かは、国民が憲法を通じて決める**　2015年7月13日、衆院平和安全法制特別委員会中央公聴会での公述

著者について

**木村草太（きむら・そうた）**
1980年神奈川県生まれ。東京大学法学部卒業、同助手を経て、現在、首都大学東京法学系准教授。専攻は憲法学。著書に『平等なき平等条項論』（東京大学出版会）、『憲法の急所』（羽鳥書店）、『キヨミズ准教授の法学入門』（星海社新書）、『憲法の創造力』（NHK出版新書）、『未完の憲法』（奥平康弘との共著、潮出版社）、『憲法学再入門』（西村裕一との共著、有斐閣）、『テレビが伝えない憲法の話』（PHP新書）、『憲法の条件』（大澤真幸との共著、NHK出版新書）などがある。

犀の教室
Liberal Arts Lab

集団的自衛権《しゅうだんてきじえいけん》はなぜ違憲《いけん》なのか

2015年8月30日　初版
2015年9月10日　2刷

著　者　木村草太

発行者　株式会社晶文社
東京都千代田区神田神保町1-11
電　話　03-3518-4940（代表）・4942（編集）
URL　http://www.shobunsha.co.jp

印刷・製本　ベクトル印刷株式会社


ISBN978-4-7949-6820-3 Printed in Japan